U0863581

科学出版社“十四五”普通高等教育本科规划教材

生理学实验教程

（第二版）

马恒东　主编

科学出版社

北京

内 容 简 介

本书根据目前高等农林院校动物生理学实验教学的实际和新发展修订，包括生理学实验基础知识和探索性生理学实验、以人体和水生动物等为对象的实验、慢性生理实验，以及联系生产生活的内容。选取的 39 个实验保留了上一版的部分经典实验，重点编写了综合性实验，依照分层次、分类别培养的理念，按实验对象和方法顺序编排，由浅入深、循序渐进。为方便学生预习和自学，本书增选、精绘了较多插图，并新增示教操作视频，可扫描二维码查看。

本书适合高等院校动物医学、动物科学、水产养殖、生物科学、生物技术、药学、动物药学、动植物检疫、实验动物学等专业使用。

图书在版编目（CIP）数据

生理学实验教程 / 马恒东主编. —2 版. —北京：科学出版社，2024.6
科学出版社“十四五”普通高等教育本科规划教材
ISBN 978-7-03-078273-1

Ⅰ. ①生…　Ⅱ. ①马…　Ⅲ. ①生理学—实验—高等学校—教材
Ⅳ. ①Q4-33

中国国家版本馆 CIP 数据核字（2024）第 060065 号

责任编辑：刘　丹/ 责任校对：严　娜
责任印制：赵　博/ 封面设计：金舵手世纪

科学出版社出版
北京东黄城根北街 16 号
邮政编码：100717
http://www.sciencep.com
北京厚诚则铭印刷科技有限公司印刷
科学出版社发行　各地新华书店经销
*
2017 年 8 月第　一　版　开本：787×1092　1/16
2024 年 6 月第　二　版　印张：7 1/4
2025 年 7 月第 十 次印刷　字数：172 000

定价：39.80 元

（如有印装质量问题，我社负责调换）

第二版编写人员

主　编	马恒东	
副主编	黎德兵　白华毅　张全伟　王　讯	
编　委	四川农业大学	马恒东　黎德兵　王　讯　司晓辉
	内蒙古农业大学	王纯洁　李慧萍
	甘肃农业大学	何玉琴　张全伟
	河北工程大学	刘　娜　范春艳
	扬州大学	邢　华　潘士锋
	西藏农牧学院	徐业芬　孔庆辉
	云南农业大学	白华毅　程美玲
	吉林大学	付守鹏
	山西农业大学	刘少贞
	河南科技大学	刘玉梅　吕琼霞

第一版编写人员

主　　编　马恒东

副 主 编　黎德兵　白华毅　付守鹏

编　　委　四川农业大学　马恒东　黎德兵　王　讯　康　波

西南大学　黄庆洲　王鲜忠　孙卫忠

内蒙古农业大学　王纯洁

河北工程大学　刘　娜　范春艳

西藏农牧学院　徐业芬

甘肃农业大学　何玉琴

上海交通大学　艾晓杰

扬州大学　邢　华　潘士锋

石河子大学　贾　斌　王　静

云南农业大学　白华毅　程美玲

吉林大学　付守鹏

黑龙江八一农垦大学　郭景茹

第二版前言

四川农业大学牵头联合 11 所兄弟院校共 21 位老师共同编写的《生理学实验教程》第一版于 2017 年 8 月出版后，被全国 20 余所高等学校选用，累计发行万余册，反响良好。

六年来，全国本科教育得到进一步重视，“以本为本”成为更多教育工作者和教育管理者的共识，生理学作为动物医学、动物科学和生物科学等专业核心课程的作用更加凸显。国家紧锣密鼓地推动“新农科”建设，强调“实践育人”，连年举办全国性的动物医学、动物科学等专业技能大赛，生理学实验技能在学院、学校训练和竞赛中多有涵盖。另外，2020 年初暴发的全球新冠疫情，使教育技术快速渗透各校教学，大大改变了教育生态，线上学习、线上线下混合式教学大力推进，对生理学实验教学提出新要求。2020 年 11 月，教育部公布首批国家级一流本科课程（包括线上、虚拟仿真实验教学、线下、线上线下混合式和社会实践一流课程）名单，国家级、省级课程思政示范课程建设方兴未艾，各省（自治区、直辖市）、各校也进一步推动教学建设与改革向纵深发展。四川农业大学动物生理学课程团队勇立潮头、乘势而上，2019 年建成线上课程并上线中国大学慕课平台，2021 年获评省级线上线下混合式一流本科课程，2022 年分别获评省级线上一流课程和省级“课程思政”示范课程，2023 年获评省级虚拟仿真实验教学一流课程。理论课、实验课等课程建设与改革全面系统推进，2022 年 7 月、11 月课程团队先后在学校牵头的教育部中西部农林高校动物科学专业教学改革研究虚拟教研室平台、中国畜牧兽医学会动物生理生化学分会第十六次学术交流会做了课程建设与改革交流，课程于 2023 年获评国家级线上线下混合式一流课程。参编各校在课程建设与改革方面也都有很多探索和成绩。

生理学实验是生理学课程群重要而独特的组成部分，纸质教材仍然是教与学内容的基本依托。新形势下，面对零零后学生，更应该建设、使用好线上资源，拓展学习的时间、空间，最大限度利用有限的课时，力争使学生的基础理论知识更扎实、基本操作技能更熟练，使他们对基本实验方法更熟悉。

本书为科学出版社“十四五”普通高等教育本科规划教材。本版教材贯彻党的二十大精神，遵从分层次、分类别培养教改方向，保留经典内容，重点建设综合性、探索性实验，落实实践能力和创新精神培养；教材体例按实验方法从易到难排列，供不同院校教师面向不同专业选择组合使用。每章增写开篇语，概括该章实验的类型、特点，学生需要重点关注的技能训练和结果讨论思路等。本书注重对现代教育信息技术的应用，配合精品课程、一流课程建设等积累的资源，给教师教学、学生预习复习及拓展学习以支持。

本次改版，根据各校专业、课程设置及人员变动情况，调整了编写人员，共计有 10 所高校 20 位一线教师参加。一个显著特点是各校基本上都是两位老师参加，尊老推新，既有合作教研，又能传承发展。修订分工标于章节或实验末尾。初稿由黎德兵统筹第五章并初审第二、六、七章，白华毅初审第三、五章，张全伟初审第一、四章，王讯初审第八章，最后由主编统稿定稿。

编写一本“适用面广、不断成长的教材”是我们的初心。感谢各位编者和科学出版社刘丹编辑的出色工作！感谢成都泰盟软件有限公司提供操作视频！感谢书中参考文献的原作者！恳请各位读者指出本书的不足，帮助我们继续修订完善。

2023 年 8 月于蓉城

第一版前言——写在前面的话

实践教学是高等教育人才培养非常重要的环节，对培养学生学习兴趣、锻炼动手能力和创新思维及团队合作等都具有不可替代的作用，对于生理学这个理论性、实验性都很强的学科显得尤为重要。经过北京农业大学（现为中国农业大学）动物生理与生物化学专业本科和南京农业大学硕士阶段的培养，1991 年我来到四川农业大学任教，20 多年来从未脱离生理学教学。1995 年，鉴于全国高等农业院校试用教材《家畜生理学实验指导》编出已 13 年，以二道生理记录仪使用为标志的生理实验技术有较大发展，我根据教学实际编写了第一版校内实验指导，收入 28 个实验，增加了“要求与思考题”“组织建议”和生理实验设计内容。经过使用和意见反馈，特别是当时学校的专业拓展、实验独立设课、实验设计等课程建设与改革实践，于 2001 年改编成校内教材第二版。在随后学校的一系列教学改革中，动物生理学课程勇当排头兵，取得了长足的发展。2004 年前后，学校与四川科学技术出版社合作遴选出版了一批实验课程教材，也包括《生理学实验教程》（2004 年）并连续使用近十年。

联合兄弟院校共同研讨，取长补短，编出一本适用的好教材是我们的理想。非常感谢参编院校的同仁也抱有共建共享的理念，认同分层次、分类别培养的目标，改按实验对象和方法顺序编排的体例体现循序渐进原则。根据前期各校课程开设及内容选取的调查结果，本书内容上保留经典实验，重点建设综合性、探索性实验，以及探索现代信息技术的运用。为适应多个专业以及实验单独开课的需要，本书较系统全面地编入了“动物生理实验技术”，增加了实验对象，编入了几个慢性生理手术以及联系生产生活的内容。为方便学生预习和自学，增选了较多图片。本书部分内容与动物医学专业的后续课，如外科手术学、临床诊断学等会有所重复，但考虑到更多专业的同学很少或没有机会学习这些后续课，这些内容又是生理实验所需要的，因此做了必要的保留。

参加本书改版编写的 12 所高校的 21 位老师来自祖国的四面八方，有工作多年的教授、博士生导师，也有较年轻的博士、讲师，均是富于教学实践和经验的一线教师，更可贵的是，新老结合、密切合作！每人分工的内容标于章节或实验末尾，相连几个实验仅标注于最后一个的末尾。引用的图表多用图注交代，主要参考文献一并列于书末。尽管我们做了很大的努力，争取编写一本适用面广、能不断成长、有生命力的教材，但是肯定还存在诸多不足。恳请各位读者指出，帮助我们不断修订完善。

中国生理学会理事、中国畜牧兽医学会
动物生理生化学分会教学工作专委会副主任
马恒东
2017 年 3 月于雅安

本书视频教学资源

1. 家兔捕捉、称重、麻醉和保定
2. 家兔颈部手术
3. 家兔颈动脉插管
4. 蟾蜍心电描记
5. 人ABO血型鉴定
6. 蛙坐骨神经-腓肠肌标本制备
7. 蛙心灌流标本制备
8. 家兔离体肠段运动描记
9. 家兔气管插管、呼吸运动描记
10. 家兔输尿管插管

目　录

第一章

生理学实验基础知识

生理学是生物科学的重要分支，是着重研究人体及动物生命活动现象及其规律的科学。生理学既是一门理论性很强的基础科学，就其研究方法和知识获得途径而言，又是一门实验性科学。实验在课程学习和知识能力掌握中具有重要作用。

第一节　生理学实验目的与要求

一、生理学实验的内容和方法

生理学的知识来自对生命现象的客观观察和科学实验。所谓**生理学实验**，就是人为地创造一定条件，对平时不易从外表观察到的隐蔽或细微的生理活动进行观察，或认识某种生理过程。生理学实验以人体、活的动物为实验对象，观察研究其细胞和分子水平（如神经细胞、肌细胞的生物电现象）、器官系统水平（如心脏搏动、胆汁分泌）及整体水平（如体温、能量代谢变化）的活动现象和规律。器官、系统水平的生理学实验方法主要分为急性实验法和慢性实验法两大类。每种方法都有其长处，也都存在局限性，应根据研究的目的和对象选择适宜的实验方法。

急性实验法又可分为离体组织器官法和活体解剖法。例如，离体蛙心灌流就是离体组织器官法，在体胃肠运动的直接观察就是活体解剖法。急性生理实验持续时间短暂、条件简单、容易排除其他因素干扰，并有可能对研究的对象进行直接的观察和细致的分析，常用于生理学教学。实验结束后动物一般不能存活，也无需无菌条件。但所获得的结果可能与完整机体正常生理机能相差较大。

慢性生理实验通常先实施慢性生理手术，在无菌条件下安置体内电极、安装瘘管或切除移植腺体等，待动物术后恢复，在机体清醒完整的情况下再进行记录、取样等实验项目。这类实验过程较长，实验室条件要求较高，实验动物模型可使用较长时间，其机能活动更接近正常。该方法常用于科研，但并不是每种组织器官的生理机能都已有相应的慢性实验法来研究。

二、生理学实验的课程关系与教学目的

生理学实验是生理学的配套课程或组成部分，是动物医学、动物科学、水产养殖等专业的学科基础课和生物科学专业的专业课，也是开展实践育人的重要环节。本课程的

主要先修课是动物解剖及组织胚胎学、动物学、物理学、生物化学，后续课为动物病理学、兽医药理学、临床诊断学、动物繁殖学、动物营养学和家畜环境卫生学及专门生理学课等。

生理学实验不仅能配合、强化理论课的学习，还具有独自的教育作用。学习生理学实验有助于提高学生的实验能力和语言文字的表达能力，培养学生提出问题、分析问题、解决问题的科学思维方法和创新能力，养成实事求是、严谨求证的工作态度和规范操作、分工协作的工作作风，提高爱科学、爱公物的素养，培养善待动物、尊重生命的人文精神。

通过生理学实验的学习，学生应达到以下具体目标：①掌握基本生理指标测量方法；②掌握生理学实验的基本方法和常用仪器的使用；③掌握生理手术基本操作技能；④能独立分析实验结果、写出规范的实验报告；⑤了解生理学实验设计的一般原则和方法，并做初步尝试。

如果条件允许，独立开设生理学实验有利于将实验基础知识、基本操作、综合实验、示教视频和虚拟仿真操作等内容混合编排、有机组合，构建系统的生理学实验理论和方法体系，有利于学生自主学习和创新能力培养目标的实现。

三、生理学实验的要求

一堂完整的实验课包括实验前、实验中和实验后三个环节。需要师生共同努力，才能达到最佳效果。

1. 实验前 教师要做好实验准备和预备实验。实验准备包括动物的选购和控制饲喂、仪器调试、试剂配制和器械的准备（列出提供的实验物品清单）等。对于比较复杂的实验，上课前教师应集体做预备实验；若为新教师或新实验内容，必须进行预备实验。通过预备实验这样一种集体备课的方式，检查实验准备情况，明确实验目的，统一实验要求，核实在相应的实验条件下能否取得预期结果，也有利于教师操作进一步规范和熟练。

学生应有目的地做好充分准备。仔细研读实验教材，理解实验原理和基本操作方法，复习有关解剖、生理知识，预期实验中可能出现的结果和问题。这是避免被动盲目操作甚至发生错误、提高实验课质量的重要前提。有条件开展线上线下混合式教学以及虚拟仿真教学的学校，学生可以在线下操作前先线上观看实验视频、完成虚拟实验操作，并做预习报告，设计记录表格，甚至提出实验调整改进建议。

2. 实验中 指导教师简要讲解实验原理和关键步骤，要明确实验要求。可以通过让学生提问题和提问学生的方式或翻转课堂的形式检查督促学生的预习工作。首次出现的或有一定难度的操作教师可以规范地示教，主要保证学生的动手机会和时间；鼓励和指导学生提出自己的意见、负责任地改变实验项目和进行操作练习。指导教师要全程监控实验过程，及时、耐心地解决学生提出的问题和遇到的困难。准备教师也要全程在场，随时解决有关动物、器械仪器及试剂等方面的问题。

实验室即课堂。学生必须严格遵守实验室规则和安全守则，入室前穿好实验服，服从教师安排和指挥，不得迟到早退，有事外出要请假。保持室内安静，坐在实验台前操作，不随意走动，不做与实验无关的事。注意节约实验器材和药品，实验动物只能由教师统一发放。实验器材每次专人负责领取清点。已调试好的仪器不要任意调动，实验器具不得与其他组调换，整齐摆放在器械盘中，保持台面整洁，如有需要可向准备教师要求添加或更换。实验时要注意动脑思考、主动参与，实验中希望更改或设计项目应征求同伴和教师意见。组内分工合作，认真有条理地操作，耐心细致地观察，及时准确地做好原始记录，兼顾好实验成功率与每人训练的关系。若实验过程中出现了问题，要仔细地查找原因并积极合作，努力加以解决，不得过分依赖教师，培养自己独立工作的能力。正确使用并爱护实验仪器，若仪器出现故障，应立即报告教师。

原始记录交教师审查，待教师签字认可后方能处死动物、结束实验；如有错误，须及时补做、补救。实验完成较早时，得到教师允许可以利用动物预习下次操作、补做上次内容或自行练习等，此时仍要注意规范操作和动物福利。

3．实验后　各组学生清理好自己的场地、物品，归还实验用品，动物尸体、有害试剂和医疗垃圾放于指定位置。准备教师复核学生归还的实验用品是否齐全、完好和清洁，如有损坏和缺少，应详细登记，并酌情责令赔偿。值日生清理好公共用品和场地，检查好门、窗、水、电，报告准备教师同意后方可离开。

每人复制、整理原始记录，及时写好实验报告上交。指导教师应认真批改实验报告，鼓励学生按自己的操作和理解撰写报告，具体指明报告中存在的不足。应在下次实验时下发报告并适当讲评。

学生要珍惜实验条件和机会，保证实验课质量；做到学风端正，操作规范，结果准确，时间观念强。实验全过程都要注意安全，严防触电、火灾、中毒、腐蚀、针头扎伤或被动物抓伤、咬伤等事故发生。实验室应准备创口贴、医用酒精、碘伏、消毒棉球等应急物资，以备受伤时使用。**绝对不许用动物和手术器械嬉笑打闹。**对实验感兴趣的同学可以申请参加实验准备和预备实验。

四、做好原始记录，写好实验报告

1．做好原始记录　原始记录是生理学实验结果的直接记录，是实验报告的依据。做好原始记录是每一位科技工作者的基本功，在实验和科学试验中都具有重要的作用。

原始记录要求客观、及时、全面、准确。“客观”就是要求实事求是，尊重事实，绝不允许修改、编造数据和实验结果。“及时”就是要在事件发生的当时记录，不能靠回忆追记或猜测。为此，最好先设计好记录表格。为了保证快速、及时，原始记录可以使用自造的不一定规范的代号，但应及时誊清或补充说明，避免引起歧义。“全面”就是不仅要记录实验中直接观察到的现象、数据、描记的图形图像等内容，还要记录或标注这些结果产生的条件及干扰因素。例如，测量神经干上动作电位的传导速度，就要将刺激强度、波宽和两对电极间距离等一并记录。剪切图形时也要注意尽量保留相应的标注。“准确”就是要求观察、记录的结果描述恰当，数量和单位无误。

2．写好实验报告　写实验报告是对所做实验的再理解、再创造的工作，是检查学生知识掌握情况和衡量能力的重要尺度之一，是今后撰写科技论文的初始演练。

使用学校统一印制的报告纸。填全各栏目，在左上角标明“组号”，“日期”一栏填做实验日期，写报告日期可标于文末。“指导教师”一栏不写，留作批阅报告人签名用。

报告要求格式标准、卷面整洁、字迹端正、图表准确、内容简明精练，按时上交。写报告不得使用圆珠笔，绘图宜用铅笔。注意文字规范、语句通顺，不使用不规范的简化字和自造的代号。

生理学实验有的侧重于操作方法（如神经-肌肉标本制备），有的侧重于现象观察（如胃肠运动的直接观察），有的侧重于结果及分析（如影响尿生成的因素），多数则兼而有之。应根据实验类型，选用合适的报告格式并详略得当地安排各栏目。

实验报告大体上有两种格式：一种是一般实验报告式，另一种是仿学术论文式，其对应关系见表 1-1。一般认为操作类实验宜选用前者，而侧重结果的实验宜选用后者。

表 1-1 实验报告的基本格式

一般实验报告式	仿学术论文式
题目	题目
目的原理	引言（导言）
实验对象与实验用品	材料与方法
方法与步骤	
结果与分析	结果与分析
讨论	讨论
【结论或结语】(【】表示可选写）	结论（结语）(优选“结论”）
注意事项、原始记录、实验分工、体会与建议	附录（含原始记录、参考文献、致谢等）

写报告应以事实为根据，忌抄书，尽量用自己的话表述，但应注意使用专业术语，综合利用文、图、表来表述。“目的原理”可缩写；“实验对象”指人或动物；“实验用品”需据实列出。对于“方法与步骤”，如果是首次、偏操作类的则详写，如果是再次、偏结果的可略写其梗概，但报告均应独立成章，不可用“见书第××页”字样省略必要的内容。在有的实验报告中，“结果与分析”甚至实验项目操作都可以列表表达。“结果”是报告的核心内容，是对原始数据的整理和计算、统计。应在原始数据基础上加以归纳和提炼，不能照抄照搬（写“结果见原始记录”者必须重写），也不可轻易推断或引申。“讨论”是一篇报告的重点，应根据理论知识对实验结果进行科学的分析和解释，并判断实验结果是否与生理值或理论相符。如果出现矛盾，应分析其中的原因。忌就事论事或离题万里。“结果与分析”一栏可在实验小组内讨论，必要时也可以参考其他组数据（需注明），但报告必须按要求独立完成，禁止互相抄袭。提倡学生根据实验结果提出自己的独到见解，以及值得深入探索的问题。

（马恒东）

第二节　生理手术基础

生理学是建立在实验和观察基础上的一门科学。生理学实验方法虽然多种多样，但都是以活的动物作为实验材料或以人体作为观察对象的。在动物实验中，通常需要先进行一定的手术操作，才能开展实验项目的观察。因此，学生应着重掌握基本的生理手术知识和操作技术，以提高动手能力。

一、实验动物

动物生理学实验常用的动物有多种，如鱼、青蛙或蟾蜍、家兔、小鼠、大鼠，以及家畜、家禽等。实验所选用的动物均需健康。实验动物的选择必须根据实验内容而定，使其解剖和生理特点适于预定实验的要求。例如，心脏生理实验要求心脏标本存活期长、所需条件简单，可选蛙或蟾蜍；研究主动脉神经传入冲动的作用时，则选择家兔作为实验对象，因为家兔的主动脉神经在颈部自成一束，容易分离。接近和保定动物时必须遵守操作规程，事先向畜主或饲养员了解动物习性，穿好工作服，避免惊吓动物，密切注意动物反应。必要时使用器械，戴好手套，实验完成后用肥皂等洗手及消毒，保证人和动物的安全。

1. 两栖类 青蛙和蟾蜍是生理学实验中常用的实验动物，分别属于两栖纲无尾目的蛙科和蟾蜍科。青蛙个体较小，皮肤光滑，背部有明显的侧褶，后肢有蹼。雄蛙头部两侧各有一个鸣囊，是发声的共鸣器。前肢短，后肢长，适于跳跃。蟾蜍个体较大，皮肤粗糙，表皮有许多突起，眼后有一对毒腺，所分泌的黏液为蟾酥。繁殖季节，成年雄性蟾蜍的前肢拇趾和食趾内侧有棕黑色的小突起，称婚垫；无婚垫者则为雌性。当用左手拇指及食指捏住躯干两侧提起时，发出叫声的为雄性；当蟾蜍被提起时，前肢作环抱状的为雄性，呈伸直状态的为雌性。

虽然蛙类较为低等，但在生理学实验中应用非常广泛。例如，蛙的心脏在离体和适宜条件下，仍能有节律地搏动较久，常用来研究心脏的生理、药物对心脏的作用；腓肠肌和坐骨神经可用来观察外周神经的生理功能和骨骼肌的收缩；用青蛙和蟾蜍作为实验动物还可进行脊髓休克、脊髓反射、反射弧分析、肠系膜或蹼血管微循环的观察等实验，其中蟾蜍耐受性更强。

图 1-1 破坏蛙脑及脊髓的方法

（引自赵铁千和王雨若，1985）

蛙的制动一般采用损毁脑及脊髓的办法，操作见图 1-1。左手握蛙，用食指将蛙头下压成直角，右手指可触摸到柔软凹陷的枕骨大孔，用蛙针刺入向前搅动捣毁脑。也可用铁剪刀自口角后缘剪去上颌（断头法）；若同时捣毁脊髓，则称为双刺毁，全身肌肉将处于松弛瘫软状态。也可采用乙醚吸入麻醉或皮下注射水合氯醛。制动后的蛙可用蛙脚钉或大头针将四肢钉于木制蛙板上操作。抓取蟾蜍时，注意勿挤压两侧耳部突起的耳后腺，以免其分泌物射进眼中。如发生这种意外，立即用清水冲洗，之后去医院检查、处理。

2. 家兔 家兔属哺乳纲兔型目，为草食性动物，盲肠发达，特有圆小囊结构，有食软粪特性（或称假反刍）；其产生的胆汁较多，相当于同等体重犬的 7 倍。家兔听觉和嗅觉都十分灵敏，胆小怕惊。在解剖学上，家兔主动脉神经在颈部自成一束，又称为降压神经，属于降压反射的传入神经，便于研究降压神经与血管活动的关系。家兔耳部血管丰富，耳缘静脉表浅，容易进行药物注射。家兔为刺激性排卵，卵巢表面变化典型，常用于生殖生理和胚胎学研究。因此，家兔被认为是哺乳动物生理学和外科学基本教学较好的实验动物。

图 1-2 抓兔法

（改自陆宏开和丁衡君，1989）

家兔性情温顺，一般不会咬人、蹬人。但有的品种（如长毛兔）或在哺乳、刚产仔和有咬癖时也会咬人，所以必须防备。家兔的脚爪锐利，若不小心或方法不当（如图 1-2A～C）易被其抓伤，或造成兔子的创伤甚至导致其流产等。正确的捉兔方法如图 1-2D 和图 1-2E 所示，一只手在家兔头前挡住，当它匍匐在地时，顺势大把抓住双耳及颈部皮毛，承重在颈部皮毛上，迅速提起，另一只手从背侧或腹部托住臀部和下腹，抱在胸前。实验中通常将家兔保定在小动物手术台上，用粗麻绳或纱布条做好双活扣拴在腕关节和踝关节以上，必要时用兔头夹（图 1-3A）保定好头部。

3. 鱼类 鱼类是水生变温动物，皮肤没有角质层，鱼鳞来自真皮，为覆有表皮的钙化板。大多数鱼的主要呼吸器官是鳃，皮肤呼吸是次要的方式。鱼类肾除具有排泄功能外，还是较为重要的造血器官。鱼的繁殖是多样化的，有卵生和胎生。鱼类生理实验中常用鲤鱼和草鱼等来观察研究鱼类某些特殊生理现象。

鱼类生命的保持要有适宜的水源、水温、溶氧、光照和食饵等。

4. 小鼠 小鼠属啮齿目鼠科小鼠属，是从野生小家鼠经长期人工选择培育而成，常见的均为白色品系，又称为小白鼠，是目前医学实验中用途最广泛和最常用的动物。小鼠为杂食性动物，一般性情温顺，易于捕捉和操作，但一旦逃出笼外过夜则恢复野性，行动敏捷难以捕捉。小鼠喜居光线暗淡的环境，昼伏夜动。小鼠为群居动物，但群体中雄性间好斗，源于一窝或断奶前同笼饲养的雄鼠则较少相互攻击。小鼠成熟早、繁殖力强，一般雌鼠 35～50 日龄、雄鼠 45～60 日龄性发育成熟，寿命约 2 年。发情周期不同阶段，其阴道黏膜会发生典型变化，可据此做涂片判断。

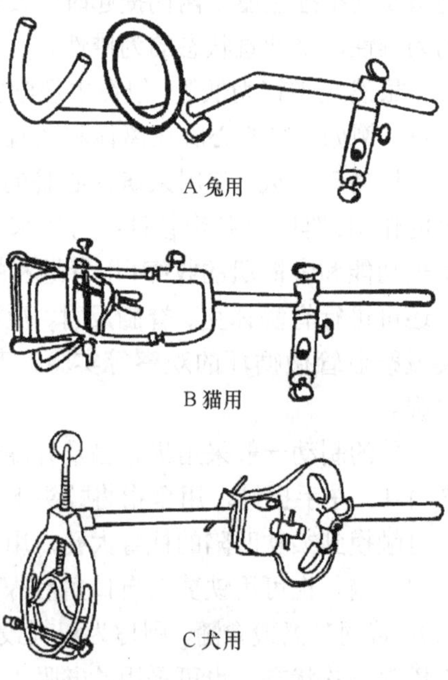

图 1-3 哺乳动物的固定头夹

（引自乔惠理，1994）

捕捉小鼠时，可用手或大镊子轻轻提起尾巴，让其前肢扒在笼子边缘，左手拇指、食指迅速捏住其双耳和颈后部皮肤，使其不能转头，将身体和尾部交由左手掌心、无名指和小指保定，腾出的右手可进行腹腔注射等操作。

5. 犬　犬属食肉目犬科。犬与人类有很漫长的共同生活和相互依赖的历史，并已家畜化。犬的寿命约 15 年，成年期接近 2 年。犬视力一般较差，嗅觉和听力很灵敏。犬大脑发达，适应性强。其循环系统、神经系统和消化系统的解剖生理特点与人近似，故常用于循环系统、消化系统和条件反射及器官移植等的研究。专供实验用的有小猎兔犬（beagle）等。

较温顺的犬可徒手保定（图 1-4），进行前肢静脉注射。凶猛的犬可用铁质狗钳钳住其颈部进行保定。

图 1-4　犬徒手保定

（引自北京农业大学和东北农学院，1993）

6. 羊　羊属偶蹄目反刍草食动物。常用于反刍动物消化生理实验，奶山羊还可用于泌乳实验。羊的保定方法有握角骑跨夹持法、两手围抱法和横卧保定法等。

7. 猪　猪属偶蹄目杂食动物，是畜牧兽医主要的研究对象之一。猪的循环系统、消化系统、免疫及泌尿系统等与人类十分相似，故猪已成为研究人类疾病的重要动物模型。因普通猪躯体肥大，不利于实验操作和管理，各国竞相培育小型猪和微型猪用于实验研究。我国已实验动物化的有贵州香猪、广西巴马小型猪和版纳微型猪等。猪保定方法较多，常用猪横卧徒手保定法、倒提保定法和搔痒保定法等。

8. 鸡、鸭　鸡、鸭属鸟纲，鸡为鸡形目雉科，鸭为雁形目鸭科。家禽在各方面都与哺乳动物有显著区别，在生理学中常用于血细胞计数、消化和内分泌学研究。鸡、鸭易于捕捉保定，同样要防止惊吓和受伤。

实验动物和人类一样是具有生命的个体。为了人类的学习、健康和幸福，无数实验动物奉献了它们的生命。迄今为止，人类尚未找到可以有效替代动物实验的方法，因此动物实验还不得不继续进行。但人类必须尊重和善待动物，讲究动物福利，这是每一个利用实验动物资源的相关人员必须具备的伦理道德。教学、科研工作中使用动物的伦理原则是**“尊重生命，科学、合理、仁道地使用动物”**，在具体工作中应遵循“3R”原则，即 reduction（减少）、replacement（替代）、refinement（优化）。

二、生理溶液

生理实验中，尤其在离体组织器官实验中，往往为维持实验对象的正常生命活动，需提供适宜的环境。在体外模仿体液成分代替其功能的溶液即**生理溶液**，又称代体液。生理溶液一般应具备以下条件：与血液、组织液等渗；含有维持正常机体活动所必需的、比例适宜的各种无机盐离子；应含有氧气和营养物质；酸碱度应与血浆相同，并且有一定缓冲能力。动物种类不同，相应的生理溶液也会有区别。常用生理溶液成分见表 1-2。

表 1-2 常用生理溶液成分 （单位：g）

成分	林格液			洛克液（哺乳类用）	蒂罗德液（用于哺乳类胃肠）	两栖类用生理盐水	哺乳类用生理盐水
	鲤鱼用	两栖类用	禽类用				
NaCl	7.526	6.50	6.80	9.00	8.00	6.5	9.0
KCl	0.417	0.14	1.73	0.42	0.20		
$CaCl_2$	0.322	0.12	0.64	0.24	0.20		
$NaHCO_3$		0.20	2.45	0.20			
NaH_2PO_4	0.122（KH_2PO_4）	0.01			0.05		
$MgCl_2$	0.095		0.25（$MgSO_4$）		0.10		
葡萄糖	2.91	2.00 或 0		1.00～2.00	1.00		
蒸馏水	均加至 1000mL						

注：林格（Ringer）液又称为任氏液，洛克（Locke）液又称为乐氏液，蒂罗德（Tyrode）液又称为台氏液

配制溶液时，可按表 1-2 内的数字用天平称取各种物质，然后将其溶解于蒸馏水中。为了配制过程简便，也可预先配好各种物质的浓溶液（也称原液、基础液），用量筒或吸管按比例吸取一定的体积，然后用蒸馏水稀释至所需量即可。配制方法见表 1-3。

表 1-3 配制生理溶液所需的基础液及所加量 （单位：mL）

成分	浓度/%	林格液（两栖类）	洛克液	蒂罗德液	林格液（禽类）
NaCl	20	32.5	40.5	40.0	34.0
KCl	10	1.4	4.2	2.0	17.3
$CaCl_2$	10	1.2	2.4	20.0	6.4
$NaHCO_3$	5	4.0	2.0	20.0	49.0
NaH_2PO_4	1	1.0		5.0	
$MgCl_2$	5			2.0	0.25g（$MgSO_4$）
葡萄糖/g		2.0	1.0～2.0	1.0	
蒸馏水	均加至 1000mL				

三、麻醉剂

在慢性实验或急性在体实验中，施行手术之前必须将动物麻醉。否则，手术可引起动物产生疼痛、不适和骚动，最终影响实验结果。麻醉方式有多种，除常用的药物麻醉外，还有针刺麻醉、催眠麻醉等。**药物麻醉**是指用麻醉药使全身或局部的神经、体液活动受到抑制或改变，引起动物机体全身或局部的感觉一时性的迟钝或消失，即全身麻醉或局部麻醉。

由于不同种属动物对不同麻醉药的敏感性不同，各种麻醉药对动物生理机能的影响以及麻醉时间也不一样。因此，选择适当的麻醉药对于保证实验的顺利进行和获得正确的结果是很重要的。理想的麻醉药应该具备的条件：麻醉完全，在实验过程中无挣扎和鸣叫现象；对所观察生理指标影响较小；使用方便。20 世纪五六十年代麻醉动物只用单

一种类麻醉药，后来逐步改用混合药，如将镇痛、肌松作用药品混合使用。麻醉药品种类很多，要根据动物的敏感性、解剖特点和体况、气质及手术情况进行选择，确定给药量和给药途径（吸入、静注、肌注、食入、灌肠等）。需要特别注意的是，麻醉药属于管制药品，需要专人负责，其购入、贮存、发放、使用和销毁均需做好记录，必要时可以及时查找或追回。学生实验结束后，严禁将麻醉药品带离实验室。

生理学实验室常用麻醉药有以下几种。

1. 戊巴比妥钠混合麻醉剂 配方为：戊巴比妥钠5g，丙二醇40mL，乙醇10.5mL，加蒸馏水至100mL。其主要成分戊巴比妥钠可抑制脑干网状结构上行激活系统而产生催眠和麻醉作用，加入的乙醇和丙二醇延长了麻醉时间，增强了麻醉效应。该药可采用腹腔或静脉注射，兔参考用量为0.5mL/kg体重，对猪、犬、鸭、鼠等动物的麻醉效果也较好，但不适用于反刍动物。由于戊巴比妥钠对心肌、血管平滑肌和呼吸中枢有抑制作用，一般不用于心血管和呼吸机能方面的研究。麻醉时需有尼可刹米备用。

2. 乌拉坦（氨基甲酸乙酯，尿烷） 其可导致较持久的浅麻醉，对呼吸无明显影响，安全系数大。家兔对其较敏感，犬、猫、鸟类（1.25g/kg体重）、蛙类（2.00g/kg体重）等均可用。兔、犬、猫用量为0.75～1.00g/kg体重，配成20%或25%溶液耳缘静脉注射。但该药长期接触或有致癌作用，目前仅用于血压测定等麻醉要求较高的实验中。

3. 酒精生理合剂 有效成分为乙醇，用生理盐水配成35%～55%的溶液，成年家兔的参考用量为8mL/kg体重。适用于2h左右的手术。但个体间差异较大，注射量也较大，且过量易因抑制呼吸中枢而使家兔死亡。故静脉注射应缓慢并随时注意动物的反应。

4. 乙醚 乙醚是无色有强烈刺激味的液体，极易挥发，其蒸气比空气重2.6倍，易燃易爆，是一种呼吸性麻醉剂，适用于各种实验动物。乙醚吸入麻醉的机制是抑制中枢神经系统。因为乙醚可刺激呼吸道分泌物增多，为防止呼吸道阻塞，术前可应用阿托品（0.1～0.3mg/kg 体重）皮下或肌内注射抑制分泌活动，术中保持动物呼吸道通畅。乙醚麻醉有易于掌握、相对安全和作用时间短、恢复快等优点。但麻醉后也容易苏醒，动物在停止吸入乙醚后 1min 内可苏醒。所以实验中需专人负责观察，维持麻醉深度，避免被咬伤。

5. 化学保定药类 如静松灵（二甲苯胺噻唑），具有镇静、镇痛和中枢松弛肌肉作用，羊用2%注射液肌注1～3mg/kg体重，牛为0.2～0.6mg/kg体重。

“846”，又称速眠新，是盐酸二氢埃托啡、保定宁和氟哌啶醇复合液，对羊、犬、兔等具有良好的镇痛、镇静、肌松作用，安全范围大。其也可作麻醉药代用品。肌内注射时，羊、犬、家兔每只0.8～1.5mL，家兔也可按0.1mL/kg体重计算。

6. 局部麻醉药类 常用 0.5%～10%盐酸普鲁卡因或 2%盐酸可卡因作为局部麻醉药，用于中、小外科手术。麻醉方法有表面涂抹麻醉、局部浸润麻醉、区域阻滞麻醉和神经干（丛）阻滞麻醉等，可消除局部疼痛。例如，羊腮腺瘘手术使用0.3%盐酸普鲁卡因溶液，在术部周围由深层至浅层做浸润麻醉。

7. 常用的鱼类麻醉剂 鱼类麻醉剂直接投入水中，搅匀，放入待麻醉的鱼即可。每升水中麻醉剂的用量分别为：间氨基苯甲酸乙酯甲磺酸盐（tricaine methanesulfonate，商品名鱼安定、MS-222）0.02～0.1mL，乙醚 10～20mL，特戊醇（amylene alcohol）5～6mL，乌拉坦 5～40mg，喹那啶 0.01～0.03mL（先与等量的丙酮混合）。MS-222 是比较通用的鱼类麻醉剂，特别适合于鱼类手术过程的麻醉，但价格较高。喹那啶的麻醉效果也较好，但麻醉后鱼还保持某种程度的反射性反应，不太适宜手术过程的麻醉。如用 MS-222 和喹那啶进行混合麻醉，效果就很好。若在使用麻醉剂的同时降低水温（如加冰），麻醉效果更佳。

鱼移入麻醉剂后活动性减弱，身体失去平衡，鳃盖活动减弱以致消失，对外界刺激无反应。将鱼从麻醉液移入清水后，通常会在 1min 左右苏醒，鳃盖开始运动、恢复呼吸动作。如果移入清水中 1min 后仍未苏醒和恢复呼吸动作，就要进行人工帮助，用新鲜流水直接注入鱼口腔和鳃部，并用手帮助鱼的口部进行呼吸动作。

鱼的麻醉程度应根据实验目的掌握。如进行药物注射和采血，只需要轻度麻醉，降低鱼的活动性即可；要进行需时较长的手术（安装血管导管、切除脑垂体、胃瘘管手术等），则应进行深度麻醉，并用稀释的麻醉液不断灌注鱼鳃部，使鱼持续处于麻醉状态。

四、手术器械

手术器械是施行手术的必需工具。手术器械的种类、样式很多，其中有些是各类手术所必须使用的基本器械，应熟悉其名称和用途，并熟练地掌握其使用方法，以保证手术操作的顺利进行。

1. 手术刀 原为一体式，现多由活动的刀片与刀柄组装而成，当刀片被污染或刀刃用钝时可随时更换。手术刀有圆、尖、弯刃刀及长短之分，以适应不同手术的需要。手术刀用于切开皮肤和脏器，刀柄还可用于钝性分离。使用手术刀的关键在于锻炼稳重而精确的动作。一般用止血钳安装和取下刀片（图 1-5）。

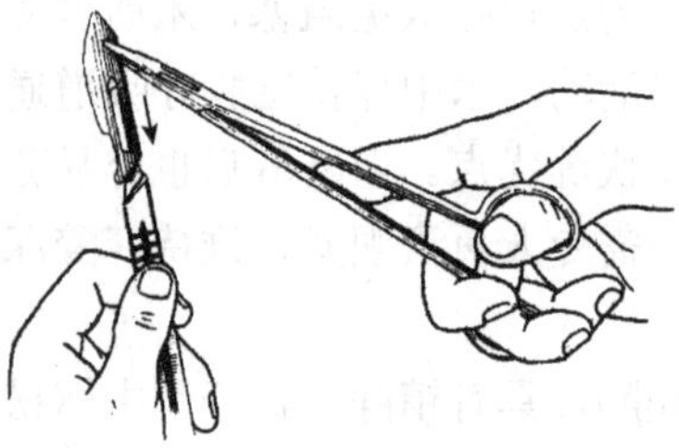
A 安装

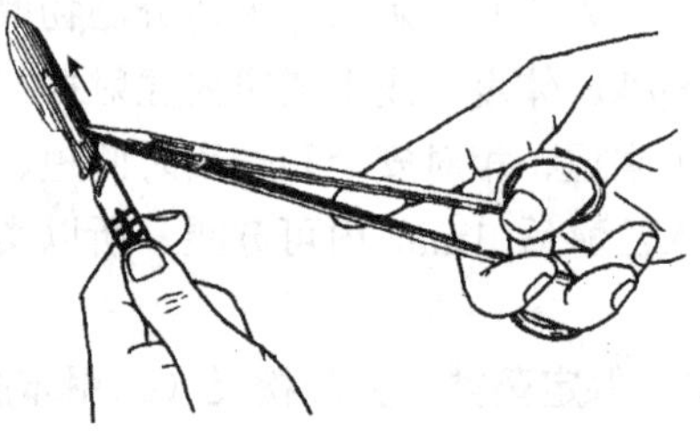
B 取下

图 1-5 安取刀片法

执刀姿势视切口大小、位置等不同而有指压式（又称琴弓式或执弓式）、捉刀式（或称抓持式）、执笔式及反挑式（外向执笔式）等持法（图 1-6）。指压式为最常用的一种执刀方法，发挥腕和手指的力量，用于切开较松软组织，力量较轻，动作较快，如腹部切口。捉刀式用于较长的皮肤切口，尤其是项背部、臀部皮肤等较坚韧的部位，力量在手腕。执笔式用以切割短小切口，用力轻柔而操作精细，如分离血管和神经以及切开腹膜小口等，动作和力量主要在手指。反挑式的手法是刀刃由内向外挑开，以避免损伤深部组织或器官，如切开腹膜或挑开狭窄的腱鞘等。

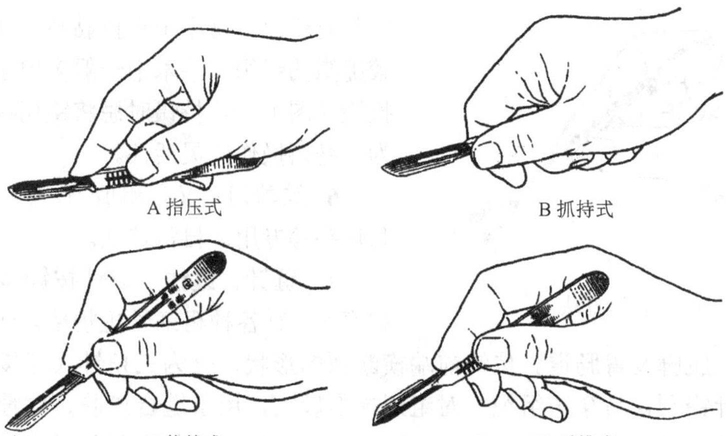

图 1-6　常用手术刀持法

2. 手术剪　又称外科剪、组织剪，有长短、尖头和钝头、直弯之分。弯剪多用于深部组织的分离，手和剪柄不致妨碍视线。外科剪常用来剪断软组织，分离无血管的组织、系膜、网膜等。为保护娇嫩的内脏不受损害，剪开腹膜常用尖头钝头剪（专称腹膜剪）。急性实验中手术剪也用来剪开皮肤等，但不可剪毛、剪骨。小型手术剪又称眼科剪，剪细小组织用，一般不可用于剪皮肤。使用手术剪时，应将拇指和无名指伸入剪柄的圆环中，以第一关节为度，不宜过深，食指自然地压在剪轴处，其余二指护在剪柄相应部位，以协助掌握方向和用力，这样可使动作准确、稳定、可靠（图 1-7）。

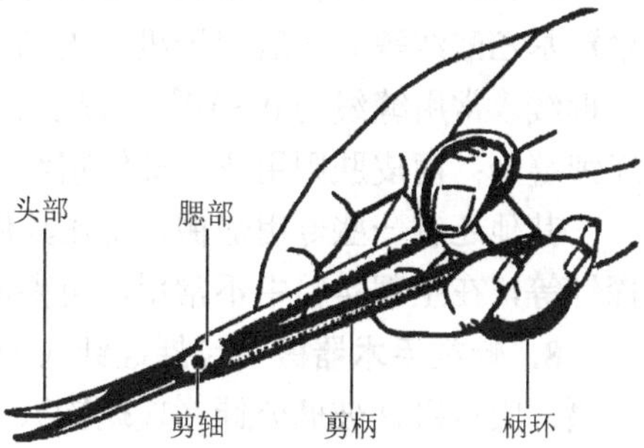

图 1-7　执剪方法

3. 剪毛剪　简称毛剪。剪毛剪与弯剪类似，只是尖部平钝、上翘。用于术部被毛的剪除，持法与手术剪相同。剪毛时，剪毛剪自然落下逆毛方向一次次将毛剪下。加力下压或一手提起被毛，均易剪破皮肤。剪下的毛应集中放入加有清水的污物盒内，避免四处飞扬。在兔耳缘静脉注射或鼠尾静脉注射时常用拔毛法。慢性手术中，还常用剃毛法或硫化钠等化学药品脱毛法，除毛较彻底。

4. 止血钳　又称血管钳，有直弯、长短之分，常用的是蚊嘴式。其作用：一是尽量少地夹住出血的血管或出血点达到止血目的；二是用于分离组织、牵引缝线等。止血钳是生理手术中钝性分离的最常用器械，其余还有手术镊、手术刀柄、玻璃分针、玻璃钩等，后二者主要用于神经的分离。止血钳的持钳方法与持手术剪基本相同。但止血钳柄环间有齿，可咬合锁住。松钳时，可利用已套入钳环的拇指与无名指相对挤压，继而旋开；或将钳柄两个环放于手掌，拇指与其余手指向相反方向推动钳环。

5. 手术镊　大小不一，有有齿（外科镊）、无齿（解剖镊）及直头、弯头之分。用于夹住和提起组织，便于剥离、剪断和缝合；以及夹持敷料、异物。外科镊尖端有齿，两侧互相咬合，用于夹持较坚硬的组织，如皮肤、筋膜、肌腱等。解剖镊尖端无齿，而

图 1-8 执镊方法

内部有横纹，常用于夹持黏膜、血管和神经等较脆嫩的组织。手术中一般多用左手以执笔式执镊（图 1-8），持镊时忌将镊柄握于掌心，因为会妨碍操作的灵活性。

6. 铁剪刀 又称粗剪刀，生理实验中剪骨和蛙头等专用。日常持法。

7. 缝针、缝线 缝针按针体可分为直针和弯针，有各种粗细长短规格。直针可用于缝合浅层组织、肌腱及胃肠道。按针前端横断面的形状，分为三角针（三棱针）和圆针两种。三角针锋利，易穿透组织，对组织损伤较大，用于缝合皮肤、软骨、韧带等坚韧组织。圆针对组织损伤较小，用于胃肠、子宫、膀胱等其余各种组织。直针可用手直接操作，动作快而敏捷，需要较大的空间。弯针较常用。弯针有一定的弧度，多借助持针器缝合深部组织，部位越深，空间越小，针的弧度也相应越大（从半弯、1/2 圆到 5/8 圆）。

外科缝线按其特点分为可吸收缝线和不可吸收缝线两大类。可吸收缝线（如羊肠线、聚羟基乙酸线等）一般用于机体内部，不需拆线。不可吸收缝线用在体表，创口愈合后需拆线。常用缝线为 0～$10^{\#}$，号越大线越粗。一般缝合肌肉等皮下组织用弯圆针细线行连续缝合；而皮肤则用弯三棱针粗线行结节缝合。

其他还有一些专用器械，将在具体实验中介绍。另有拉钩、卵圆钳、肠钳、组织钳、探针等，在生理实验中不常用，可参阅外科手术学书籍。

8. 蛙类手术器械 包括蛙针（金属探针、毁髓针）、铁剪刀、手术剪、眼科剪、外科镊、眼科镊、玻璃分针（玻璃钩）、蛙板或玻璃板、锌铜弓、蛙心夹、蛙脚钉等。

9. 哺乳类手术器械 通常包括剪毛剪、手术刀、止血钳、外科剪、眼科剪、外科镊、眼科镊、气管插管、血管插管，有时用到缝针、缝线和持针器等。

为了工作人员的安全和操作方便，手术过程中的器械传递应当是将器械把柄递给对方。

五、基本生理手术操作

虽然生理手术的种类多样，手术的范围、大小和复杂程度也有很大的不同，但手术的基本操作，如组织分离、止血、打结和缝合的技术是大致相同的。因此，掌握手术基本操作技术是做好一切手术的基础。在学习生理手术过程中，只有认真做好基本功的训练，做到正确、熟练地掌握基本操作，才能逐步做到动作稳健、敏捷、准确、轻柔，缩短手术时间，提高手术的效率和成功率。

1. 组织分离 组织分离包括使用带刃器械（刀、剪）做锐性分离和使用止血钳、手术刀柄或手指等做钝性分离。

锐性分离是用手术刀或剪在直视下将组织切开或剪开。分离时，动作要准确、精细，一次切剪组织不应过多，不要损伤邻近器官和组织。用于分离重要神经血管，或用于较致密的组织如皮肤（先剪去被毛）、腱膜、腱鞘和瘢痕等的分离。用手术刀时，先用手或器械使两侧组织牵拉紧张，以刀刃进行垂直的、轻巧的切开，不要做刮削的动作（图 1-9）。用力适当，使切口平直、深度一致，不能切成锯齿状或切线尾部呈鱼尾状。用手术剪时，以剪刀尖端伸入组织间隙内，不宜过深，然后张开剪柄分离组织，在确定没有重要的血管、神经后再予以剪断。在分离过程中，如遇血管，需用止血钳夹住或结扎后再剪断。锐性分离腹膜时，要用镊子提起后剪一小口，然后食指、中指伸入切口下的腹腔内继续操作。锐性分离对组织的损伤较小，术后反应也小，但必须熟悉局部解剖结构，在辨明组织结构时进行。

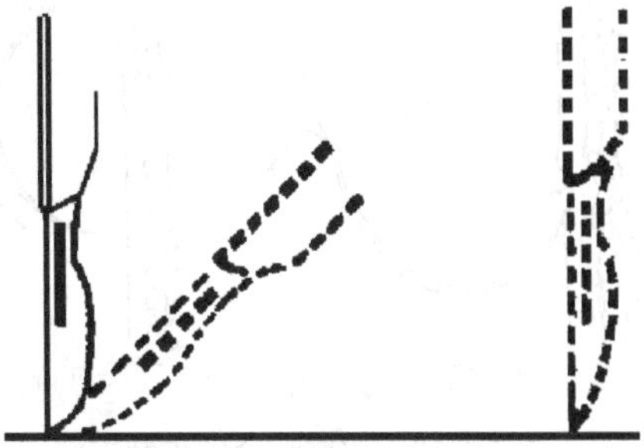

图 1-9　切皮运刀方法
（引自乔惠理，1994）

钝性分离不用刀剪，而主要是用止血钳、刀柄、剪刀背、手指和纱布球等，以撑开、推擦或牵引等方法沿组织间隙进行分离，损伤较锐性分离为大。这种方法适用于肌肉、皮下结缔组织、筋膜、骨膜和腹膜下间隙等。优点是迅速省时，且不致误伤血管和神经。但不应粗暴勉强进行，否则造成重要血管和神经的撕裂或器械穿过邻近的空腔脏器或组织，将导致严重后果。

锐性分离和钝性分离各有优点，在手术过程中可以根据具体情况选择使用。总的目的是充分显露深部组织和器官，同时又不致造成过多组织的损伤。因此，必须注意确定准确切开的部位，控制切口大小以满足实验需要为度，切开时按解剖层次分层进行等。

2. 止血　在手术过程中，组织的切开、分离、切除等操作都可造成不同程度的出血。因此，在手术操作中，完善而彻底地止血，不但能防止严重的失血，而且能保证术部清晰，便于手术顺利地进行，避免损伤重要的器官，有利于切口的愈合。

小血管出血或静脉渗血，可使用纱布或热盐水纱布及干棉球压迫止血法，此为按压，不可擦拭，以免损伤组织和使血栓脱落。若未能确切止血，用此法也可清除术部血液，辨清组织及出血点以进行其他有效的止血方法。较大的出血，特别是小动脉出血时，先用止血钳准确夹闭血管断端，结扎后除去止血钳。较大的血管应尽量避开，或先做双重结扎后再剪断。结扎止血法是手术中最常用、最可靠的止血方法，又包括单纯结扎止血法、缝合结扎止血法和适用于大网膜、肠系膜的贯穿结扎止血法。

其他止血方法还有电凝止血、烧烙止血和局部药物（1%～2%麻黄素或 0.1%肾上腺素）止血法，以及用骨蜡（骨蜡配方：凡士林 165g、蜂蜡 335g、松香粉 100g，先将凡士林与蜂蜡加热，待完全熔化后再加入松香粉）、明胶海绵止血等。

3. 缝合与打结　缝合的目的主要是有利组织愈合，以及固定瘘管、封闭切口等。打结是止血和缝合的需要。

（1）缝合　缝合是将已切开、切断而分离的组织和器官进行对合或重建其通道，促进止血和创面对合，保护无菌创面免受感染，加速肉芽创面的愈合，给组织的再生和愈合创造良好条件。缝合时需要缝针、缝线和持针器。持针器有钳式和握式两种形式，夹在弯缝针的中后 1/3 交界处（图 1-10 标“△”处），针尖垂直刺入，按缝针弧度和方向

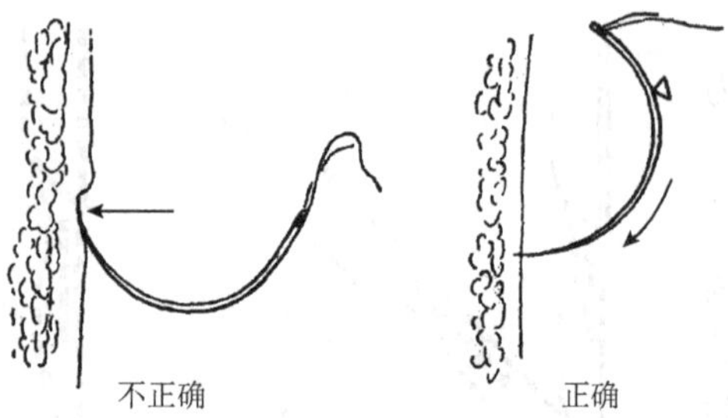

图 1-10 皮肤缝合的进针方法
（引自王强华，1997）

用力（图 1-10 右和图 1-11A 箭头所示）。通常按组织的解剖层次分层缝合，不留死腔；缝合前彻底止血；进针点距切口缘的距离及针距要均匀、远近适当。一般皮肤缝合时距切口缘 0.5～1.0cm，浆膜肌层组织为 0.2～0.5cm，肌肉缝合为 1.5～2.0cm。缝线间的距离在保证对合严密的情况下，针数越少越好，一般皮肤缝合为 1.5～2.5cm，对钝性分离的肌层应间隔更远一些。

缝合方法很多，生理实验中常用到的是结节缝合（单纯间断缝合）、螺旋缝合（单纯连续缝合）和荷包缝合 3 种（图 1-12）。结节缝合的特点是由多条缝线分别打结而成，常用于皮肤、筋膜及肌肉等组织，可对抗较大的张力，并可防止因个别缝线断折时导致全部切口开裂，又便于拆线。螺旋缝合是用一条长缝线，先在创口的一端打结，然后用同一缝线等距离做螺旋形缝合，最后留下线尾抽紧打结（图 1-12B 右下角）。螺旋缝合较快捷和紧密，存在于组织的缝线较少，在深部缝合时不需拆线，适用于皮下深部组织以及内脏器官修复和消化管瘘管手术等。荷包缝合是围绕腔体器官小创口做环形的浆膜肌层连续缝合（图 1-12C），主要用于胃肠壁上小范围的内翻，还可用于胃、肠、胆囊、膀胱造瘘引流管的固定等。

（2）打结　结的种类主要有平结（方结）、外科结和三叠结几种（图1-13）。平结是手术中最常用的一种，由两个方向相反的单结组成，它的线圈内张力越大，扣结越紧，不易滑脱，常用于结扎较小的血管和各种缝合时的打结。在平结的基础上再加一结即为三叠结，目的是使平结更加牢靠，但遗留于组织中的结扎线较多，常用于有张力部位的缝合、大血管和肠道的结扎，以及肠线和尼龙线的结扎。外科结由于第一个结圈绕两次，摩擦面比较大，再做第二个结时不易滑脱。此结牢固可靠，多用于大血管、张力较大的组织和皮肤缝合。打平结时

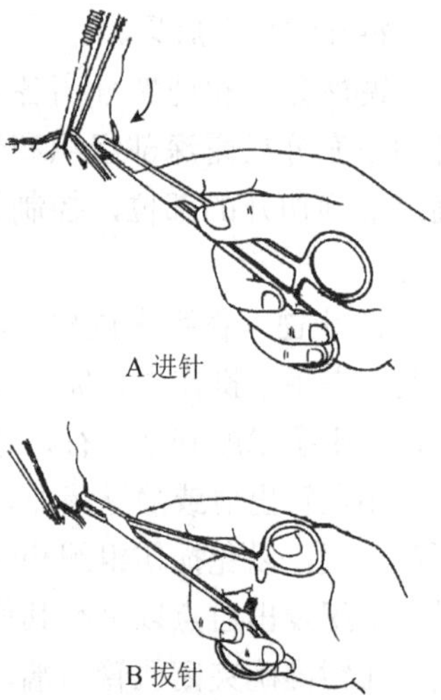

图 1-11 持针操作技术
（引自王强华，1997）

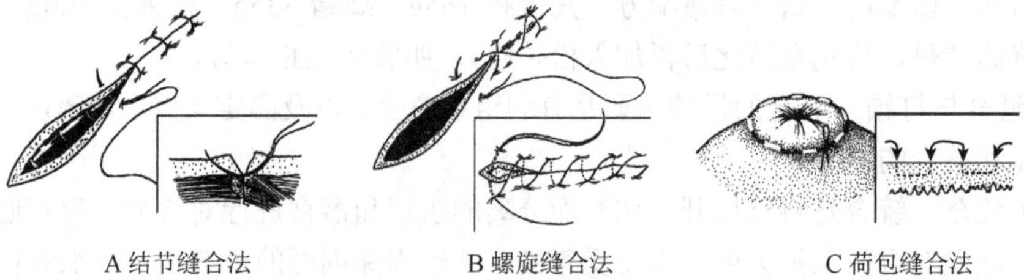

图 1-12 常用的三种缝合法（引自王强华，1997）

图 1-13 结的种类（引自王强华，1997）

如果两道结动作和方向相同就成为假结（斜结），此结易松脱，不能采用。打结时两手用力不均匀、只拉紧一根线，或两手用力方向一横一直，打出来的是滑结，应予以避免。

4. 动物采血法 采集血液是进行常规检查或某些生物化学分析的需要。采血方法的选择，主要取决于实验的目的、所需血量及动物种类。凡用血量较少的检验可刺破组织取毛细血管的血；当需血量较多时可做静脉采血。静脉采血时，若需反复多次，应自远心端开始，以免发生栓塞而影响整条静脉。常见动物全血量和一次允许采血量见表 1-4。

表 1-4 动物全血量和一次允许采血量

动物	小鼠	大鼠	家兔	鸡	猫	犬	猴	猪	山羊	绵羊	乳牛	马
V	74.5	58.0	69.4	95.5	84.6	92.6	75.0	69.4	71.0	58.0	57.4	72.0
v	7.7	5.5	7.7	9.9	7.7	9.9	6.6	6.6	6.6	6.6	7.7	8.8

注：V 为全血量（平均值，mL/kg 体重）；v 为一次最大安全采血量（mL/kg 体重）

（1）家兔的采血 有多种方法，需血量较少时可从耳缘静脉采血，需血量为几毫升时可从耳中央动脉采血，需血量更多时用颈静脉采血或心脏采血。

耳缘静脉采血：将兔固定，拔（或剪）去耳缘静脉局部的被毛，用酒精棉球擦拭、消毒兔耳背部，手指轻弹兔耳，使血管充血，针头刺入耳缘静脉末端，血液即流出。此法可采到 2～3mL 血液。耳缘静脉采血为家兔最常用的采血方法，可多次重复使用。

耳中央动脉采血：在兔耳中央有一条较粗的、颜色较鲜红的中央动脉。用左手固定兔耳，右手持注射器，在中央动脉的末端，沿着与动脉平行的向心方向刺入动脉，即可见血液进入针管。由于兔耳中央动脉容易痉挛，故抽血前必须让兔耳充分充血，采血时动作要迅速。采血所用针头不要太细，一般用 6#针头，针刺部位从中央动脉末端开始，不要在近耳根部采血。该方法一次可采血约 15mL。

颈静脉采血：手术法分离颈静脉，可用注射器直接采血，或安置导管，反复采血。

心脏采血：将家兔仰卧保定，穿刺部位在第三肋间胸骨左缘 3cm 处，选心跳最明显的部位把注射器针头刺入心脏，血液即流入针管。穿刺部位也可以选在左侧面，水平方向进针，左手在胸骨两侧向下按压，使心脏位置受限，右手持注射器在兔胸腔前后壁中点的第三肋间刺入。心脏采血时所用的针头应细长些，采血如不顺利可将针头稍微轴向转动或调节刺入的深度，但不可左右摆动太大，以免发生采血后穿刺孔出血。也可从胸骨剑突尾端和腹部平面呈 30°向头端刺入。家兔心脏采血一次可采 20～25mL。

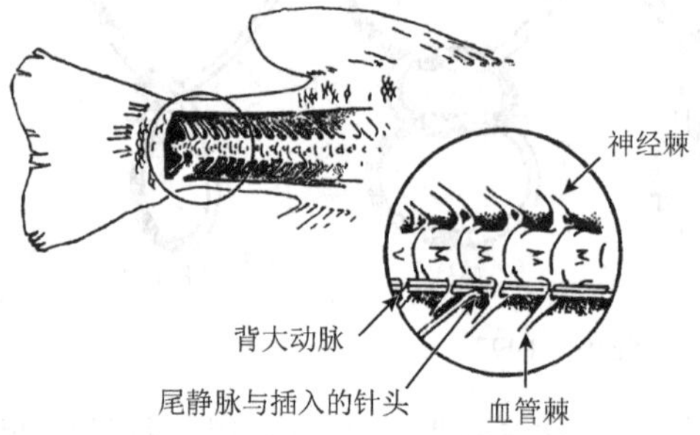

图 1-14 鱼尾动脉采血法

（2）鱼类的采血 采血部位在心脏或尾动脉。鱼经麻醉后，保持鳃部有水流或者用湿毛巾包裹头部，玻璃注射器用 0.1%肝素钠浸润，安装 8#长针头，在泄殖孔前方以 45°刺向背鳍下脊柱正中尾动脉，轻抽针管，若无血则小心调整刺入部位（图 1-14）。一般可采得 10～20mL 血液。取血后用手指压住取血部位，经 1min 左右直到不滴血为止。

（3）小鼠、大鼠的采血 需血量很少时采用剪尾采血，麻醉后将尾尖剪去约 5mm，按摩采血，小鼠可采 0.1mL、大鼠可采 0.4mL，每只鼠一般可采血 10 余次。需血量再大些的可重复采血法有眼眶后静脉丛采血和颈静脉或颈动脉采血。一次性采血法有摘眼球采血和断头采血。

（4）犬、猫的采血 常用部位有后肢外侧小隐静脉、前肢背侧皮下头静脉（保定姿势见图 1-4）、颈静脉和股动脉等。

（5）猪的采血 耳静脉采血、前臂静脉采血或在仰卧保定时从胸骨窝（左或右侧的）前腔静脉针头向后内侧方与地面呈 60°刺入 2～3cm 采血。

（6）羊、牛、马的采血 以颈静脉穿刺最为方便，常在颈静脉的中 1/3 与下 1/3 的交界处进针。

（7）鸟类的采血 采血和静脉注射常用的部位是翅膀的臂静脉（操作不当易形成血肿）、颈静脉和心脏。成年鸡心脏穿刺部位是从胸骨脊前端到背部下凹处连接线的 1/2 点，用细针头垂直刺入 2～3cm 即可采得心血。

5. 给药方式 动物给药方式有多种，常用的有静脉注射、腹腔注射、肌内注射、皮下注射、饲喂法和吸入途径、经皮途径等。

（1）静脉注射 静脉注射是动物给药的常用而快捷的途径，其方法与采血相同或相似。家兔的静脉注射一般选用耳缘静脉（图 1-15），因其表浅易固定。注射前助手保定好家兔，除去注射部位的被毛，用 75%乙醇消毒，室温较低时可采用揉、弹、灯烤等办法使血管充盈。吸好注射液（排净空气后略多于参考用量）的注射器安装好针头，可用止血钳将针头旋紧，且针口斜面向注射器刻度一侧。左手食指和中指夹住静脉的近心端，拇指绷紧静脉的远心端，无名指及小指垫在下面，右手持注射器，食指护在针头处。从耳尖向耳根沿血管方向刺入皮肤（保定防止头部摆动），进入血管（肉眼可见，且进针阻力小），移动左手拇指于针头进针处以固定，放开食指、中指，注射器交由左手手掌把握，右手轻推注射器活塞，感觉通畅且见血管内由红变白，则为正确。若注射阻力较大，针头可能在血管外，此时应拔出针头重新刺入。切不可硬推，否则会导致组

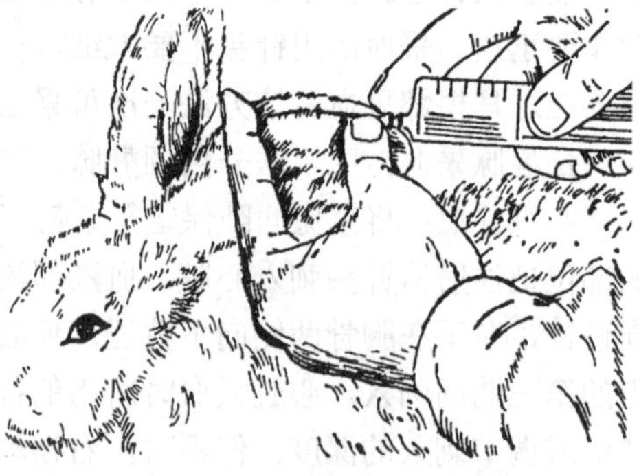
图 1-15 兔耳缘静脉注射方法

织水肿、压迫血管，将使注射更加困难。注射时勿打进气泡，推进速度视药品种类而定，麻醉剂一般应缓慢。注射完毕，抽出针头，用干棉花压迫针眼几分钟以止血。首次注射应从耳缘静脉的远心端开始，逐渐移向近心端，可进行反复多次注射。

视频1　家兔捕捉、称重、麻醉和保定

（2）腹腔注射　常用腹腔注射药剂麻醉鼠类。用手将小鼠固定好后，将注射针头刺入下腹部腹中线稍外侧处，注射针与皮肤表面约呈45°，针尖穿透腹壁后，轻轻回抽注射器，若无肠内容物、尿液或血液被抽出，保持针头不动轻轻注入药剂（图1-16）。为了防止注射入肠腔，仅针头的尖端穿透腹壁即可。家兔也可考虑使用该法。

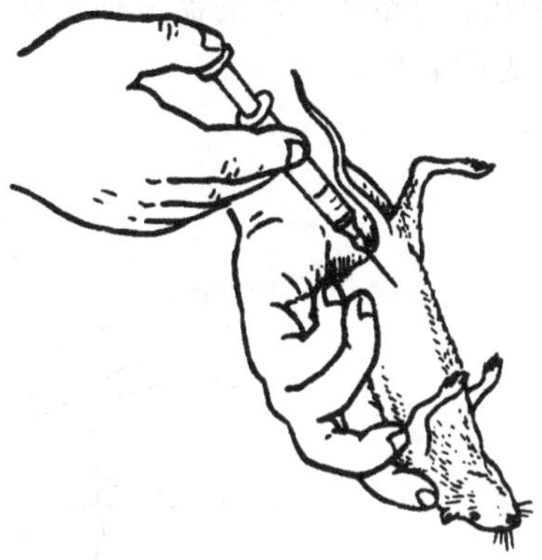

图1-16　小鼠保定及腹腔注射方法

（3）肌内注射　常用肌内注射给药麻醉鸟类，注射部位多为胸肌或腓肠肌等肌肉较发达处。猴、犬、猫、兔多选用两侧臀部或股部进行肌内注射。固定动物后，右手持注射器，使之与肌肉外皮肤表面呈 60°，一次刺入肌肉。注射完毕后用手轻轻按摩注射部位，促使药液吸收。

（4）皮下注射　小鼠的皮下注射通常在背部，可将皮肤拉起，注射针刺入皮下。对大鼠、豚鼠、兔、猫等可选用背部、大腿内侧或臀部等皮下脂肪较少的部位进行皮下注射。

（5）饲喂法　药物通过饲喂，经消化系统吸收入血液，发挥作用较缓慢，大分子、易被消化药物不适用。

（6）吸入途径　如将小动物置于含有乙醚等具有良好挥发性麻醉剂的密闭空间里，或用浸有乙醚的口罩捂住动物口鼻，通过呼吸系统吸入麻醉剂，起到麻醉作用。

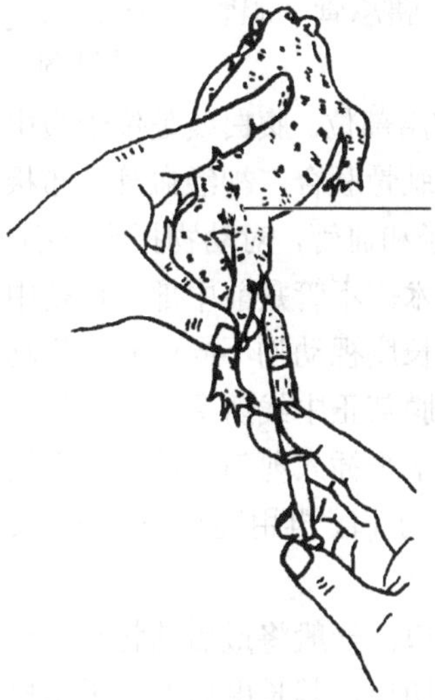

图1-17　蟾蜍背淋巴囊注射法
（引自解景田和赵静，2002）

（7）经皮途径　有时鱼类的给药也可直接投到水中，通过鱼类的鳃或皮肤被吸收。

（8）淋巴囊注射　蛙类多采用背淋巴囊注射法给药，手法见图1-17。

6．颈部分离血管神经　将麻醉好的家兔仰卧保定在手术台上。剪去颈部被毛，于甲状软骨下方纵行剪（切）开皮肤 5～7cm。用止血钳等器械钝性分离皮下组织和肌肉，直至暴露气管。左手拇指和食指捏住切口缘的皮肤和肌肉，其余三指从皮肤外侧向上顶，右手持玻璃分针。在气管一侧找到颈部血管神经束，粗壮搏动的是颈动脉；与颈动脉伴行的神经中最细的为降压神经（又称主动脉神经），一般位于迷走神经与交感神经之间；最粗的为迷

视频2 家兔颈部手术

走神经，呈白色，位于外侧；交感神经粗细居中，一般位于内侧（图 1-18）。辨认清楚后，才能分离，避免弄乱位置后使神经与筋膜难以辨认。分离时一般遵循“先神经后血管，先细后粗”的原则，根据需要先将较细的神经分离出来，再分离其他神经和血管，并随即在各血管神经下穿埋粗细颜色不同的丝线以标记。在类似的分离操作中，尽量避免用金属器械刺激神经，更要防止刃器或带齿的器械损伤血管神经，多用烧制好的玻璃分针或玻璃钩顺血管神经的走向剥离。

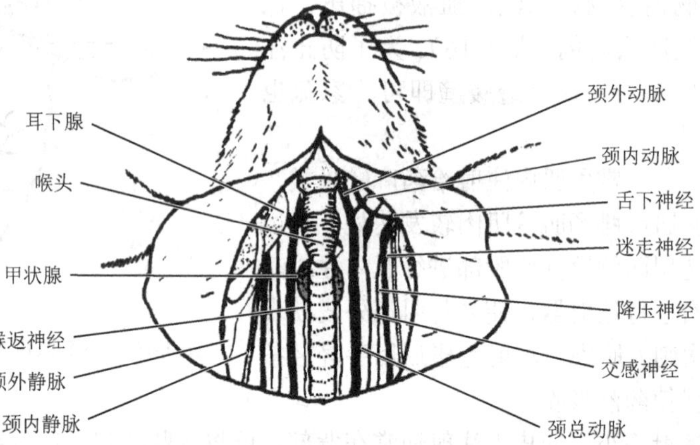

图 1-18 家兔颈部血管、神经的识别（引自解景田和赵静，2002）

7. 血管插管法 分离出一段拟插管的血管（约 4cm 长），埋以双线，结扎或用动脉夹夹闭供血端（动脉的近心端、静脉的远心端），用眼科剪斜向 45°在管壁上剪一小口，不超过管径的 50%。输液用则顺血流方向剪，引流用则逆血流方向剪。用眼科镊提起切口缘，按上述方向插入插管（勿插入夹层），用预埋线结扎固定，必要时可用缝针将结扎线挂到附近组织上以免滑脱。胰总管、胆管、输尿管等的插管均可采用类似操作。

视频3 家兔颈动脉插管

8. 腹壁切开法 在动物实验中，腹白线是腹部切口的常用部位。腹白线是位于腹中线皮肤下面腹壁肌肉的白色腱膜线，从胸骨的剑突隆起直至耻骨联合，神经血管分布极少。因此，通过腹白线所做的腹正中切口，不伤及肌肉、神经和血管，对动物损伤较小，出血较少。腹中线切口适用于犬、猫、猪及兔的腹部实验手术。不管是前中部，还是中后部腹中线切口，手术通路所经过的组织层次基本相同，其长度视动物不同而异。将动物在手术台上仰卧保定，可做全身麻醉配合局部浸润麻醉。腹部正中线剪毛，助手将腹部皮肤左右提起，术者用手术剪（或刀）纵向剪一小口，再水平插入剪刀，剪刀尖上挑式剪开腹中线皮肤。此时皮下可见一纵向腹白线，同样先剪一小口，再用钝头外科剪（腹膜剪）或伸入手指垫着，沿腹白线打开腹腔，以免伤及脏器。

肷部切口为牛、羊、猪腹腔实验外科手术中最常用的切口。一般将最后肋骨与髋结节连线的中点定为切口的上角，由此做一与身体纵轴垂直的切口，其长度以方便手术操作又不致过长为原则。动物右侧卧保定，全身麻醉加以切口处浸润麻醉。切开皮肤、皮肌及其腱膜，如动物肥胖，可出现一层较厚的皮下脂肪组织；用手术刀横断腹外斜肌，充分止血；按肌纤维走向钝性分离腹内斜肌和腹横肌，暴露腹膜，如前法剪开腹膜。用板状拉钩扩开腹膜切口，充分显露内脏，按实验设计进行手术。

9．造瘘术　暴露欲造瘘器官，选血管神经分布少处，依瘘管大小做荷包缝合，大瘘管需做内浅外深的双荷包，荷包中央剪口，撑开切口，放入瘘管，从里向外逐渐收紧（切口缘内翻）荷包缝线，结扎固定（图 1-19）。检查瘘管通透情况。

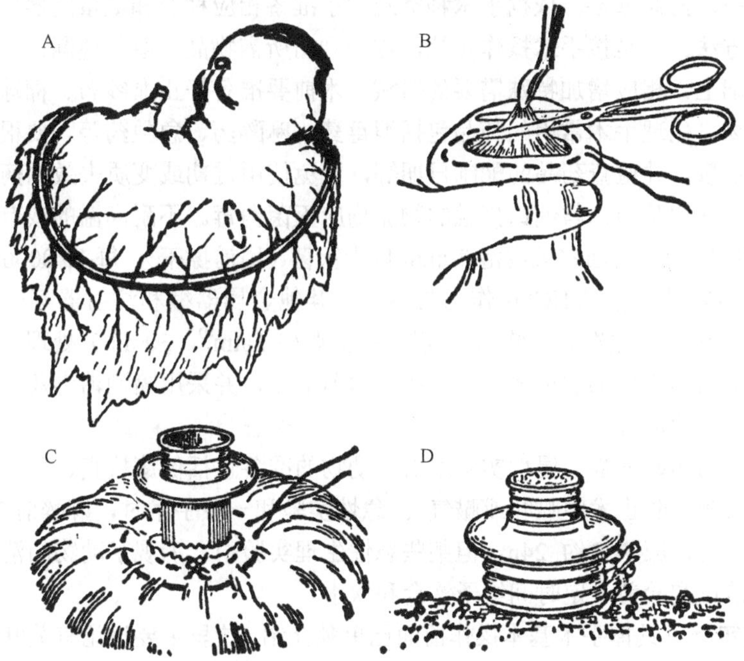

图 1-19　安装胃瘘管手术（引自南京农学院，1982）

A．穿荷包缝线的部位；B．切除一块胃黏膜；C．围绕瘘管做第二次荷包缝合；D．缠绕纱布于瘘管外盘之下

六、生理手术的组织与实施

生理手术由密切相关的术前准备、手术实施和术后工作三部分组成。

1．术前准备　包括人员准备，器械、药品准备，以及实验动物的准备三个方面。

（1）人员准备　小手术一般 1～2 人就可开展。对于较复杂的大手术通常需要术者 1 人、手术助手 2 人、器械助手 1 人、麻醉助手 1 人、保定助手 1 人。

术者：对手术负责，是手术的执行者，进行主要的手术操作，应全面负责术前诊断、拟定手术计划、指导术后护理及总结记录工作。

手术助手：负责手术区皮肤消毒及铺创巾，协助止血、拭血、显露、剪线、拉钩、清理手术区等，以协助术者完成手术工作。

器械助手：负责器械、敷料的灭菌，术中负责传递器械、纱布及准备缝针、缝线。对于胸腔、腹腔手术，在关闭胸腹腔之前清点器械和敷料，防止将手术器械和敷料留在体腔或创口内，术后将器具洗净放于指定位置，做好清理工作。

麻醉助手：负责麻醉和观察实验动物全身情况（注意呼吸、血压和脉搏等生理指标），术中填写麻醉记录。一旦出现特殊情况，做好急救工作，并及时报告术者。术中负责输液、输血和用药的指挥。术后送动物回动物房。

保定助手：负责动物的保定，注意人畜安全；协助麻醉助手。

凡参加手术的人员应分工明确，密切协作、同心协力，确保手术顺利完成。在慢性生理手术中，除麻醉助手和保定助手外，均应洗手（事先修整指甲）、着手术服和消毒。

（2）器械、药品准备　依据手术种类及大小准备相应种类和数量的器械。准备器械一般有两种方法：一是按手术操作步骤，逐一列出所需物品，避免遗漏；二是在常规手术器械的基础上，相应增加特殊需要的器械。术前要准备好止血纱布、棉球、棉棒等敷料和有关衣物。生理手术常用的药品包括消毒药、麻醉药、急救药等，要根据手术要求备足品种与数量，并检查药品的配制日期等，避免使用过期或变质失效的药品。

在慢性生理实验中，与创口接触的物品均应灭菌消毒。不耐高温的或有刃器械及缝针、缝线可用 1/1000 新洁尔灭浸泡 30min 以上灭菌（用前擦干），每 10 000mL 溶液中须加入 5g $NaNO_2$ 或 3g $NaHCO_3$ 作为防锈剂。其他金属器械和注射器等可采用煮沸法（20min 以上）消毒。敷料、衣物可用高压灭菌锅（1.5atm①，30min）处理。手术室、手术台等与手术活动相接触的环境，也应在手术前清扫，并采用喷洒消毒药、熏蒸或紫外灯照射等方式灭菌消毒。

（3）实验动物的准备　慢性实验术前，动物的准备包括健康检查、备皮（术部皮表的准备）和禁食（防止术中呕吐或臌气）。急性实验和一般手术时，麻醉前 2h 左右不喂食。腹部手术时，应禁食约 24h。但某些急性生理实验中，为观察动物的消化功能、泌尿功能，又常在实验前一定时间给予饮食和饮水。

2. 手术实施　具体手术基本操作前面已单独介绍，这里主要讨论有关麻醉和慢性生理实验的无菌原则。

（1）麻醉　前已述及，要根据动物种类、手术要求选择适当的麻醉药品和麻醉方式。动物全身麻醉的进程由浅入深分为下列 4 期：主动动作存在的诱导期；对非疼痛刺激无肢体动作反应，钳夹趾间组织尚能引起缩肢，眼睑及角膜反射存在的浅外科期；眼睑反射消失，角膜反射十分微弱，兔和鼠随意肌完全松弛的深外科期；过深期则呼吸微弱甚至停止，心跳由快弱转而减慢、终至停搏。麻醉中要密切观察动物反应，掌握好麻醉深度，避免注射过快或药量过多而导致死亡。尤其是静脉注射，一般参考用量的前 1/3 可略快些，以迅速度过动物兴奋挣扎的诱导期，此后边注射边观察、检验。参考用量的麻醉剂宁可保留一点，术中补注，也不要一下打完。对于体质异常（胖或瘦）、挣扎反应强烈的动物，以及注射不顺利或太顺利等情况都要特别小心。

当麻醉过量时，动物呼吸慢而不规则，甚至呼吸停止，血压下降，心跳微弱或停止。此时应立即进行抢救，如进行心脏按压，必要时用苏醒剂。常用的苏醒剂有咖啡因（1mg/kg 体重）、尼可刹米（2～5mg/kg 体重）和洛贝林（0.3～1mg/kg 体重）。心跳停止时，应注射温热生理盐水和肾上腺素。相反，如果实验过程中麻醉过浅，可临时补充麻

① 1atm≈1.01325×10^5Pa

醉，但一次注射量不能超过总量的1/5。

（2）慢性生理实验的无菌原则　通过清洁、消毒和灭菌等综合技术与措施，使手术环境和手术区域的微生物尽量减少到最低限度，尽可能防止发生手术污染和手术感染。在实际操作过程中，遵循以下原则。①消毒过的手臂不能接触任何未经消毒的物品和器械。凡是察觉到手臂被污染时，应立即重新消毒。②手术器械要分类整齐地摆放在经火焰灭菌过的器械盘中。用于非无菌部位（如胃、肠道）的器械应与其他器械分开放置，不可交叉使用；未经消毒的物品、器械不得接触已消毒过的物品和器械；已被污染了的物品、器械均应舍去或重新消毒。③在手术过程中，室内人员应尽量少走动；麻醉力求平稳，防止动物反复骚动，扬起尘土污染创口；避免不必要的说话，更不许向手术区咳嗽或打喷嚏，并注意勿使手术人员的汗珠落入手术区内。④缝合切口前，宜先用碘酊、乙醇涂擦切口两侧的皮肤；然后再行缝合。切口缝合后，再一次用碘酊、乙醇涂擦切口缘，并做保护绷带。

3．术后工作　手术实施过程中严格的无菌技术、有效而安全的麻醉、熟练的技术操作、正确的伤口处理以及细致的术后护理等，都是保证动物安全地度过手术，并在手术后迅速而顺利地用于实验的重要因素。如果动物因不能耐受手术而在手术过程中死去，或因手术后护理不当而死亡，虽然手术本身没有缺点和错误，但仍不能认为手术是成功的。

手术结束后，随即打扫整理现场，回收和清洗手术器械，避免器械随同污物被丢弃或遗留在动物体内。急性实验继续进行的过程中，应有专人负责监护动物体温、脉搏、呼吸和麻醉深度等情况。慢性实验要待动物完全清醒后，移交给护理人员。术后护理要在临床指标监护、饲养管理、术部护理等方面予以落实，还应及时拆线。手术人员要主动经常地关心指导术后护理工作，做到心中有数。

实验完成后，要及时处理动物。实验中使用过剧毒药物或有害物质的动物应做特殊处理，以免发生意外。急性实验后处死动物，要考虑简便快速的方法，以保证安全和减轻动物的痛苦。可根据动物大小选择颈椎脱臼法（如小鼠）、空气栓塞法（如家兔）、急性大量放血法和药物致死法等。

（马恒东）

第三节　生理学实验常用仪器

一、刺激器

虽然多种刺激形式（如物理、化学刺激等）均可引起可兴奋组织和细胞的兴奋，但电刺激因为参数易于控制、重复性好、对组织和细胞损伤小，又可转化成光、声等信号，在生理学实验中被广泛应用。常用的刺激器包括电子刺激器（现多已整合入生物机能实验系统）和锌铜弓等。

1．电子刺激器　电子刺激器是能产生一定波形的电脉冲仪。输出的波形有方波、三角波、锯齿波、正弦波等。其中最常用的是方波，因此电子刺激器又称方波生理仪。方波波形简单，对生物组织有效，而且刺激参数（包括刺激强度、持续时间和刺激频率）易于控制，因此矩形方波是较好的刺激形式。

单个刺激有三个要素，即刺激强度、持续时间及强度-时间变化率。刺激**强度**是指方波幅度，可用电流强度或电压表示。电流强度一般从几微安至几十毫安，电压可在200V以内。刺激强度过小，不能使细胞膜静息电位达到阈电位而引起细胞兴奋；强度过大，可引起组织内电解和热效应而使其损伤和破坏。因此，在实验过程中，应避免过强的刺激。**持续时间**是指方波的波宽，一般刺激器的持续时间从几十毫秒至数秒。采用单向方波刺激时，刺激时间不宜过长，否则将产生损伤效应。为了减少引起组织损伤的电解和热效应，应尽量缩短刺激时间，并采用正负双向方波刺激。方波的**强度-时间变化率**可以看作无穷大。**刺激频率**是串刺激状态下输出方波的重复频率，一般小于1000次/s。刺激频率过高，可能会有一部分刺激落入组织的不应期内而无反应，使刺激与生理效应不能同步，因此刺激频率应依据被刺激组织种类进行选择。一般组织器官的功能实验可将刺激频率设置为60～100次/s。在生理学实验中，应用连续刺激时，还可根据实验需要调节“串长”和“延迟”等参数。串长表示以重复频率不断输出刺激方波持续的时间，即一连产生数个方波的时间。延迟表示从同步脉冲到刺激脉冲出现的时间差。

生物体是一个容积导体。实验时，由于刺激器输出和放大器输入具有公共接地线，一部分刺激电流混入放大器的输入端，而使记录系统记录到一个刺激电流产生的波形，即刺激伪迹。为了减小刺激伪迹，常用刺激隔离器，使刺激电流的两个输出端与地隔离，切断刺激电流从公共地线返回的可能性。

2. 锌铜弓 锌铜弓是一个带有锌、铜双极的刺激器；它的一根粗锌丝和一根粗铜丝平行排列，顶端焊接在一起，固定于电木管内。当锌铜弓与湿润的组织接触时，产生的电流按锌、组织、铜的方向流动，形成微弱刺激。

二、记录仪器

经典的生理记录仪器是记纹鼓，可分为单鼓和双鼓，烟熏式和墨水式，手动和电动等，在生理学发展史上曾发挥重要作用。记纹鼓由于存在操作烦琐、灵敏度差，记录时间短等缺点，逐渐被电子电位差计和二道（多道）生理记录仪等仪器取代。二道（多道）生理记录仪通常是一种墨水式记录仪，由描笔记录系统、信号放大系统、记录指示器及各种导线组成。配以适当的引导电极或传感器，即可测量记录生物电信号和非电生理指标，是一种灵敏度较高的通用记录仪。20世纪初，随着生物机能实验系统研发成功并在本科教学中普遍应用，记录仪器已经被整合其中，成为其组成部分。

三、传感器

传感器又称换能器，是将非电信号转换成电信号的装置。在生理学实验中，有许多生理现象都是非电信号，如血压、肌肉收缩、呼吸、温度变化等。为便于观察和记录这些生理现象，必须用传感器将它们转变成电信号，输入不同的仪器进行显示、记录和测量、分析。传感器的种类繁多，有压力传感器、张力传感器、呼吸传感器和心音传感器等，其中以压力传感器和张力传感器（图1-20）最为常用。

1．压力传感器　压力传感器主要用于测量血压和其他可以通过液体传导的压强。传感器的工作原理是利用惠斯通电桥的基本结构来实现能量的转换。在传感器内部有一平衡电桥，该电桥的一部分由应变电阻元件构成，可将压力的变化转换成电阻值的变化。当传感器感受的压力为零时，电桥平衡，输出为零（由于各种非正常原因引起的电桥不平衡，造成基线不在零位上，可通过调节恢复）；当压力作用于传感器时，应变电阻元件的电阻值发生变化，引起电桥失衡产生电流，传感器从而产生电信号输出。在传感器的测定范围内该电信号大小与压强呈一定的线性关系。

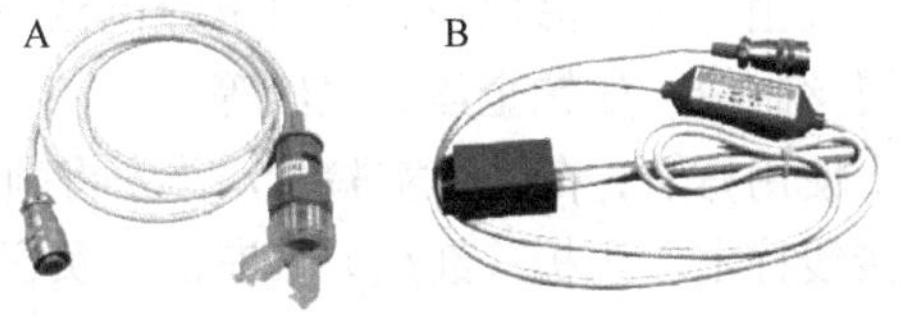

图 1-20　压力传感器（A）和张力传感器（B）

使用方法：在观察、记录血压时，首先应使传感器及测压插管内充满抗凝液体，并排尽里面的气泡。将测压插管与大气相通，确定零压强时的基线位置；再连接水银柱式血压计进行定标（如设定 100mmHg[①]值），此后即可进行血压观察、记录。

注意事项：①测量血压时，传感器应放置在与心脏水平的位置，以保证测量结果的准确；②血压传感器有一定的测压范围，不要用传感器去测量超过其范围的压强，严禁在传感器管道处于闭合状态下，用注射器向传感器内加压；③每次使用后，应即时清除传感器内液体，并用蒸馏水洗净、晾干。

2．张力传感器　又称为张力换能器、机械-电换能器，主要用于肌肉收缩和其他位移信号的传感。张力传感器的工作原理同压力传感器。张力传感器的应变电阻粘贴在应变梁上，外力作用于应变梁，使应变梁变形，导致应变电阻值改变，电桥失衡；传感器将张力信号转换成电信号输出。

使用方法：用丝线将张力传感器的应变梁与实验对象相连；连接的松紧程度以丝线拉直为宜，并尽量使丝线与应变梁呈垂直方向；选择适当的放大倍数，即可观察、记录。

注意事项：①张力传感器有一定的测量量程，超过其量程的负荷不宜测量，以免损坏传感器；②张力传感器应变梁口是开放式的，在实验过程中应防止液体进入传感器内部，造成短路、损坏；③在使用张力传感器过程中，应避免碰撞、摔打传感器。

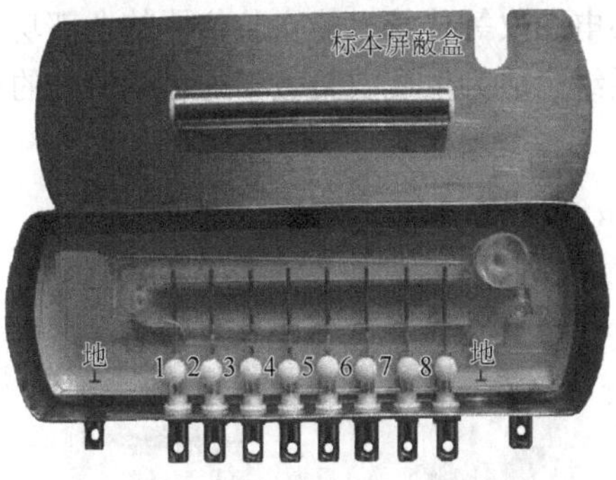

图 1-21　神经标本屏蔽盒

四、神经标本屏蔽盒

电生理学实验中，在研究神经干生物电活动时，常用神经标本屏蔽盒作为生物电的引导装置。神经标本屏蔽盒由金属屏蔽盒、电极固定槽和电极三部分组成（图 1-21）。金属屏蔽盒起到静电屏蔽作用，能屏蔽高频噪声信号的干扰；电极固定槽用于固定电极位置和调节电极间的距离；电

① 1mmHg≈0.133kPa

极一般由一对刺激电极、两对引导电极和一根接地电极构成。引导电极常由电阻较小的金属丝制成，如铂金丝、银丝等。

使用方法：在进行实验时，首先将刺激器输出连线连接在屏蔽盒上的刺激电极 1、2 两接线柱上，正极（红线）接左侧、负极（白线）接右侧；将放大器输入连线连接在第一对引导电极的 3、4 两接线柱上；在进行神经兴奋传导速度测定实验时，则需将另一放大器输入连线连接在第二对引导电极的两接线柱上（如 5、6），放大器输入连线的地线（黑色）均接在接地电极上。然后把制备好的神经标本搭在电极上（中枢端在刺激电极侧），并通过电极固定槽的滑动（或引导电极的接线位置变动），调整引导电极间的距离，以及与接地电极、刺激电极间的距离，调整到显示器上的描记图形满意为止。一般来说，调整引导电极间的距离将影响动作电位的波形；调整接地电极与刺激电极间的距离可以影响刺激伪迹的大小（图 1-22）。

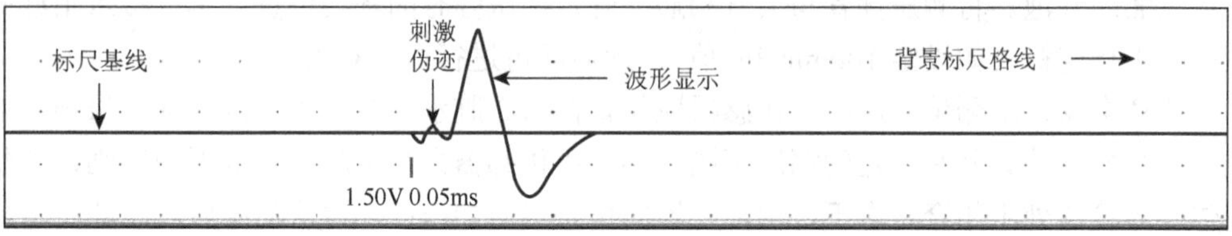

图 1-22　BL-420 软件生物信号波形显示区

注意事项：①实验前用任氏液棉球轻轻擦拭引导电极，以去除表面氧化物；②环境过于干燥时，在屏蔽盒内置一块湿纱布，以保持盒内湿度。

五、生物机能实验系统

生物机能实验系统，又称生物信号采集处理系统或微机生理实验系统。它是将传统仪器的优点与计算机的强大处理功能相结合而设计的智能化系统，如 BL-420 或 BL-820 生物机能实验系统（图 1-23）、Medlab 系统等。它由硬件和软件两大部分组成。安装到计算机上的硬件和软件可完成对各种生物电信号（如心电、脑电和肌电）和生物体非电信号（如血压、肌张力和呼吸）的调理、放大、记录、存储、处理和打印输出。在功能上可替代刺激器、放大器、记录仪器、示波器、心电图仪等传统机能实验仪器的全部功能，同时还可实现数据分析功能。生物机能实验系统已成为生理实验教学与科学研究的一个常用工具。

A　　B　　C

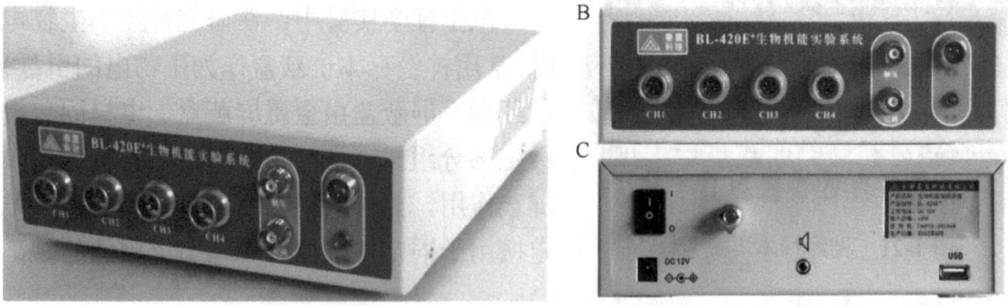

图 1-23　BL-420 生物机能实验系统（A）、前面板（B）和后面板（C）

1．生物机能实验系统的原理　系统首先将原始的生物机能信号进行放大、滤波等处理，通过模/数转换（A/D 转换）后，将数字化的信号传输到计算机，计算机通过专门的系统软件对这些信号进行实时处理，一方面进行生物机能波形的显示，另一方面进行生物机能信号的实时存储（图 1-24）。同时，还可根据操作者的命令对数据进行处理和分析，对于存储在计算机内部的实验数据，系统可以随时将其调出进行观察和分析，并能打印实验波形和数据。

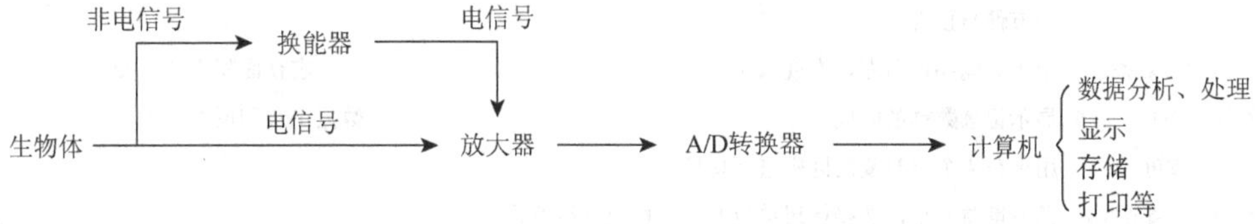

图 1-24　生物机能实验系统原理图

2．BL-420 生物信号显示与处理软件主界面介绍

（1）主界面　BL-420 生物信号显示与处理软件主界面（图 1-25）从上到下依次分为：标题条、菜单条、工具条、波形显示窗口、数据滚动条及反演按钮区、状态条 6 个部分。从左到右分为：增益、标尺调节区，波形显示窗口和分时复用区 3 个部分。在标尺调节区的上方是刺激器调节区，下方则是通用记号标记区。特殊实验标记选择在工具条中或主界面右下角。主界面各部分的功能见表 1-5。

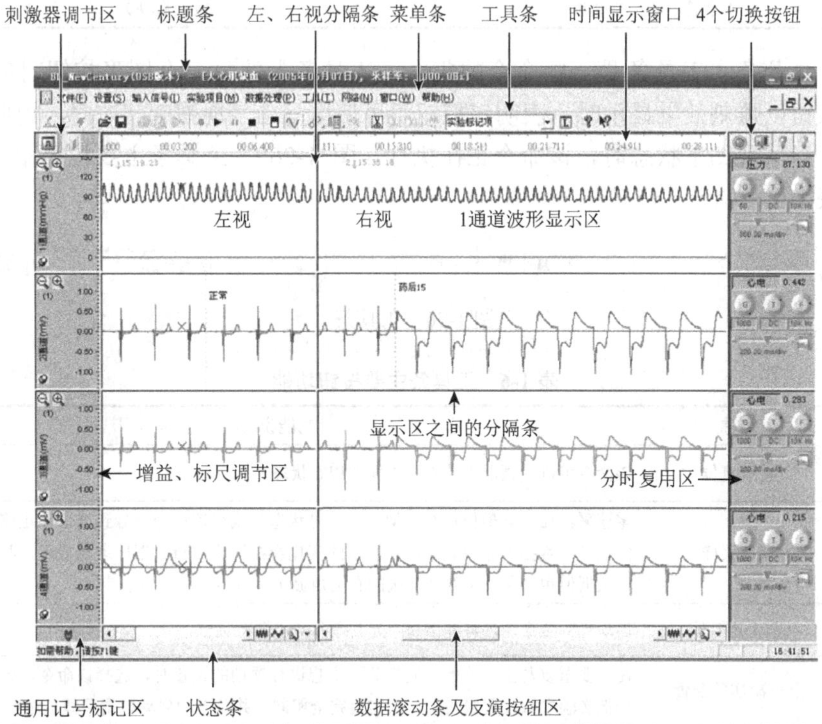

图 1-25　BL-420 生物信号显示与处理软件主界面

表 1-5 BL-420 软件主界面功能一览表

名称	功能	备注
刺激器调节区	调节刺激器参数及启动、停止刺激	包括 2 个按钮
标题条	显示软件名称及实验标题等相关信息	
菜单条	显示软件中所有的顶层菜单项，可以选择其中的某一菜单项以弹出其子菜单；最底层的菜单项代表一条命令	含 9 个顶层菜单项
工具条	一些最常用命令的图形表示集合，它们使常用命令的使用变得方便与直观	其中包含有下拉式按钮
左、右视分隔条	用于分隔和调节左、右视大小	左、右视面积之和不变
时间显示窗口	显示记录数据的时间	数据记录和反演时显示
4 个切换按钮	用于在 4 个分时复用区中进行切换	
增益、标尺调节区	调节增益大小，选择标尺单位及调节标尺基线位置等	
波形显示窗口	显示生物信号的原始波形或处理后的波形 每一个波形显示区对应一个实验采样通道	
波形显示区之间的分隔条	用于分隔不同通道的波形显示区，也是调节波形显示区高度的调节器	4 个显示区的面积之和相等
分时复用区	包含硬件参数调节区、显示参数调节区、通用信息区及专用信息区 4 个分时复用区域	这些区域占据屏幕右边相同的区域
通用记号标记区	用于存放 Mark 标记和选择 Mark 标记	Mark 标记在光标测量时使用
状态条	显示当前系统命令的执行状态或一些提示信息	
数据滚动条及反演按钮区	用于实时实验和反演时快速进行数据查找和定位，同时调节 4 个通道的扫描速度	实时实验中显示简单刺激器调节参数（右视）

（2）工具条　工具条是一些命令的集合，工具条上的每一个图形按钮对应一条命令。当按钮以雕刻效果显示时，表明该按钮不可使用；当呈现弹起状态时，说明未执行该命令；当呈现凹下状态时，该命令正在执行（图 1-26）。工具条主要按钮命令的详细介绍见表 1-6。

图 1-26　工具条

表 1-6　工具条主要按钮功能

图标	名称	功能说明
	系统复位	该命令可以使调混乱的系统恢复到初始状态
	零速采样	零速采样命令与暂停命令相似，在实时状态下执行该命令会导致波形停止移动，并且停止任何数据的存盘记录，但波形的变化会在屏幕的新数据出现端显示，测量的最新点数据值也在硬件参数调节区的右上角显示
	启动光刺激	启动光刺激命令，将弹出一个光刺激参数设置对话框
	上一次实验配置	在需要重复与上一次的相同实验而不想进行烦琐的设置时，选择该命令，计算机将自动把实验参数设置成与上一次实验完全相同，并且自动启动数据采集与波形显示
	数据记录	当记录命令按钮的红色实心圆标记处于按下状态时，说明系统现在正处于记录状态，否则系统仅处于观察状态而不进行观察数据的记录

续表

图标	名称	功能说明
	开始	该命令将启动数据采集，并将采集到的实验数据显示在计算机屏幕上；如果数据采集处于暂停状态，选择该命令，将继续启动波形显示
	暂停	该命令将暂停数据采集和波形扫描显示
	停止	选择该命令，将结束当前实验，同时发出“系统复位”命令，使整个系统处于开机时的默认状态，但该命令不复位操作者设置的屏幕参数，如通道背景颜色，基线显示开关等。反演时，该命令用于停止反演
	切换背景颜色	选择该命令，显示通道的背景颜色将在黑色和白色两种颜色中进行切换。不管操作者以前设置的通道背景颜色是什么，这个命令无条件将背景设置为黑色或白色
	格线显示	通过该命令，可以显示或隐藏背景的标尺格线
	区间测量	与“数据处理”菜单中的“区间测量”命令功能相同
	图形剪辑窗口	图形剪辑窗口按钮是一个下拉式工具按钮，包含图形剪辑窗口、X-Y 输入窗口、参数设置窗口、显示区间测量结果窗口和打开 Excel 命令
	选择波形放大	该命令用于将很小的波形细节放大，便于观察和分析
	图形剪辑	该命令代表图形剪辑功能
	数据剪辑	该命令代表数据剪辑功能
	数据删除	该命令代表数据删除功能
	通用标记	实验过程中，单击该命令按钮，将在波形显示窗口的顶部添加一个通用实验标记，其形状为向下的箭头，箭头前面是该标记的数值编号
	打开特殊实验标记对话框	单击该命令按钮，可以打开特殊实验标记编辑对话框

（3）波形显示窗口　实验观察到的所有生物信号波形及处理后的结果波形均呈现在显示区中。系统共有 4 个实验通道，对应 4 个波形显示区，可同时观察 4 个生物信号波形。实验时可根据需要在屏幕上显示 1～4 个显示区，如只显示某一通道，在该通道处双击鼠标左键即可，也可通过拖动显示区间的分隔条来调节各个显示区的高度。想恢复到初始的大小，只需在任一个显示区上双击鼠标左键即可。一个波形显示区包含标尺基线、波形显示和背景标尺格线三部分（图 1-22）。

3. BL-420 生物机能实验系统操作步骤　使用实验系统的目的就是观察各种生物体内或离体器官中探测到的生物电信号以及张力、压力、温度等非电生物信号的波形。为了能够观察到这些波形，首先应该将这些信号引入生物机能实验系统中。

（1）生物信号的引导

1）直接使用引导电极对生物体电信号进行引导：通常与系统相配套的引导电极为一黑色屏蔽引导电极，一端为一个 5 芯插口，与系统实验通道相连；另一端为 3 个不同颜色的鳄鱼夹，红色的夹子引导正电信号，白色的引导负电信号，而黑色的用于接地，3 个夹子可以直接或通过其他小电极与生物体相连接完成生物电信号的引导。

2）通过传感器对生物体内非电信号进行引导：根据不同实验目的选择不同类型的传感器，如压力传感器、张力传感器、呼吸传感器和温度传感器等，通过它们将生物体内的非电信号转换为电信号，然后引导入生物机能实验系统进行观察。

（2）开始一个实验　完成了引导电极与生物机能实验系统的连接之后，就可使用该系统来完成相关实验。

双击桌面上的“BL-420E⁺生物机能实验系统”图标进入系统主界面后，启动生物信号采样与显示的常用方法有以下两种：①从“实验项目”菜单中选择自己需要的实验项目，单击该项即可开始实验；②从“输入信号”菜单中为需要采样与显示的通道设定相应的信号种类，然后从工具条中选择“开始”▶ 命令按钮。无论使用哪种方法启动，系统处理软件都将根据选择信号种类或实验项目为每个实验通道设置相应的初始参数。

（3）参数调节　根据生理理论和大量的生理实验经验设置的系统初始参数，基本上能够满足完成相应实验的要求。但由于实验对象存在着个体差异，实验过程中也可以通过调节实验参数来获得最佳的实验效果。常用系统参数有增益（G）、时间常数（T）、滤波（F）、扫描速度等，这些控制按钮都在软件主界面右边的参数控制区（图 1-27）中。

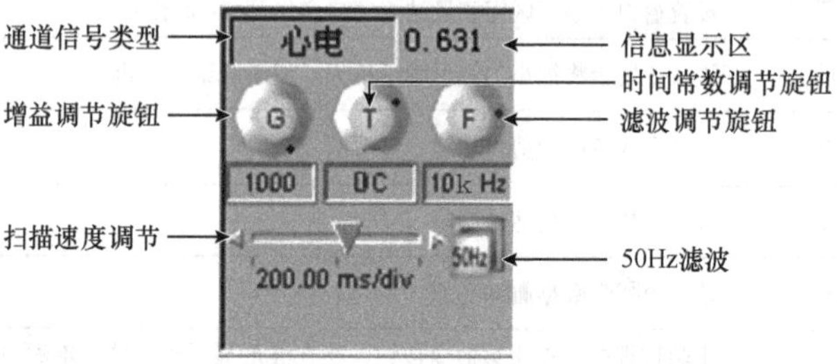

图 1-27　一个通道的控制参数调节区

系统增益是指放大器的放大倍数。生物机能信号有强有弱，生物电信号从几微伏到几百毫伏不等，而压力、张力等传感器信号的范围为 0～100mV，实验中可根据具体情况调节增益大小。

滤波和时间常数的实质都是滤波，调节二者的目的是将需要观察的生物机能信号从其他机能信号或噪声信号中分离出来。系统滤波是指低通滤波或高频滤波，即衰减信号中的高频成分，而让低频成分全部通过，从而消除信号中夹杂的高频噪声。时间常数是指高通滤波或低频滤波，设置时间常数的目的是消除信号基线的漂移和低频噪声。

（4）暂停或结束实验　如要仔细观察正在显示的某段图形，鼠标单击工具条上的“暂停”按钮⏸，此时该段图形将被冻结在屏幕上。如需继续观察扫描图形，鼠标单击“开始”按钮▶即可。

当完成本次实验之后，可以选择工具条上的“停止”命令按钮■，此时，系统软件将提示为本次实验得到的记录数据文件命名以便于保存和以后查找，然后结束本次实验。实验结果一定要命名保存起来，否则将丢失！保存位置可以选默认位置或另外指定。

（5）实验标记的选择　为明确实验过程中的变化，就必须对实验时发生的事件如用药、刺激等做标记。系统有两种刺激标记方法供选择，一种是特殊实验标记，在显示区的工具条栏右侧，是对特殊波形点位的文字说明，通常选择不同的实验项目时，系统会自动选择一组预先设置的相关特殊实验标记。当用鼠标选定标记内容后，移动鼠标到显示区任意位置，左键点击即可。另一种是通用实验标记，当需要标记时，单击工具条上的“通用标记”按钮，显示通道上将自动生成一个数字标记，标记的编号数字从 1 开始顺序进行。学生需要在书面原始记录中明确其对应含义。

（6）系统内置刺激器的使用 如实验中需要用电刺激，就会涉及内置刺激器的使用。系统刺激器调节区位于主界面工具条下方的左上角（有时主界面底部状态条中也有），其内部包含两个与刺激器调节相关的按钮。点击“刺激器调节对话框”按钮，用于打开、设定刺激或关闭刺激器调节对话框。根据需要可在对话框中选择刺激方式（单刺激、双刺激或串刺激）和调节刺激强度、波宽等。单击该按钮，即可打开对话框；再次单击，则关闭已经打开的对话框。启动“刺激器”按钮用于启动或停止刺激，单击该按钮系统会依照选择的刺激方式输出刺激。

（7）实验数据的保存、反演 在实验过程中，可以通过按下“数据记录”按钮来保存数据，此时会弹出一个存盘对话框，提示操作者给刚才记录存盘的实验数据命名。实验结束后，也可为本次实验的数据文件命名进行保存，以便以后进行反演、分析和处理。

进行反演数据时，只需从工具条上选择“打开文件”命令按钮，然后在“打开”对话框中选择需要反演的文件名，按“确定”按钮即可。对于反演的数据，可拖动显示窗口下面的滚动条来选择不同时间段的数据，也可选择工具条上的“开始”命令按钮，让反演数据像实时采样数据那样移动起来。

（8）数据提取 反演数据就是为了观察和提取有用的数据。数据提取即系统能将原始实验数据以某种形式（如图形、BL-420 格式数据、通用文本格式数据等）提取出来，并将其存储为其他格式文件或插入其他应用程序中，实现不同软件之间的数据共享。该系统提供 4 种数据提取方式，分别为数据导出、数据剪辑、图形剪辑和区间测量数据结果的导出。

一般而言，进行区域选择是对被选择的区域进行数据提取的前提。区域选择是指在一个或多个通道显示区中选择一块区域，并且该区域以反色方式显示。区域选择有两种方法：一是只在一个通道显示区中进行区域选择（图 1-28）；二是同时选择所有通道显示区中相同时间段的一块区域。两种区域选择的操作方法基本相同，前一种操作在通道显示区中完成，后一种操作在时间显示窗口中完成。区域选择完成后，不需要执行任何命令，系统内部将自动完成选择区域的图形复制功能，在任何可以显示图形的 Windows 等应用软件中，选择“编辑”菜单中的“粘贴”命令即可导出被选图形。

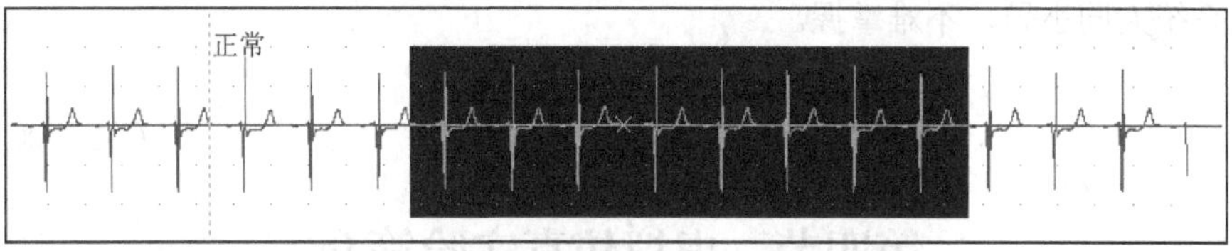

图 1-28 在一个通道显示区中进行区域选择

数据导出是指将所选择的一段反演实验波形的原始采样数据以文本形式提取出来，

并存入相应的文本文件中。数据剪辑是指将选择的一段或多段反演实验波形的原始采样数据按 BL-420 的数据格式提取出来，并存入指定名字的 BL-420 格式文件中。

图形剪辑是指将通道显示区中选择的一段波形连同从这段波形中测出的数据一起以图形的方式发送到 Windows 操作系统的一个公共数据区内，以后可以将这块图形粘贴到 BL-420 软件的剪辑窗口中或任何可以显示图形的 Window 应用软件或画图中。操作步骤如下：①在实时实验过程或数据反演中，按下“暂停”按钮使实验处于暂停状态，此时工具条上的“图形剪辑”按钮处于激活状态，按下该按钮将使系统处于图形剪辑状态；②对感兴趣的一段波形进行区域选择；③这时图形剪辑窗口出现，选择的图形将自动粘贴到图形剪辑窗口中（图 1-29）；④选择剪辑窗口右边工具条上的“退出”按钮退出窗口；重复以上步骤剪辑其他波形段的图形，然后拼接成一幅整体图形，此时可以打印或存盘，也可把这张整体图形复制到其他应用程序（如 Word、Excel）中，打印出来，加以必要的补充说明，即可作为实验原始记录。

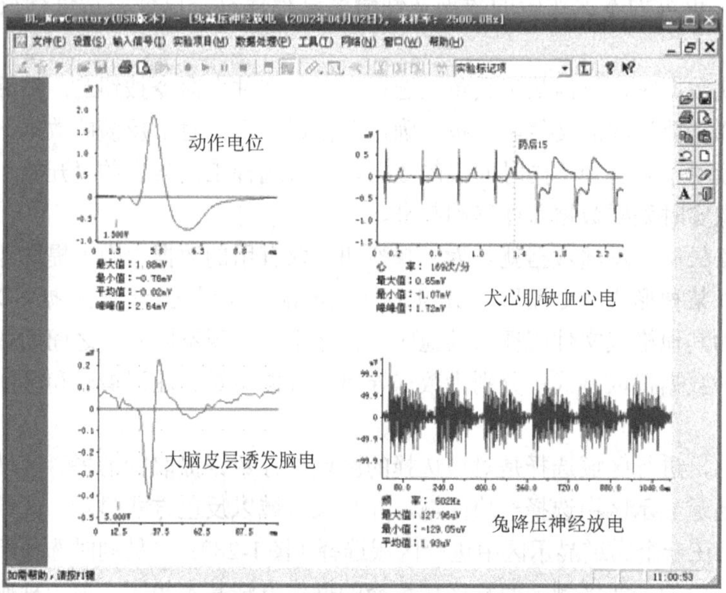

图 1-29　BL-420 系统中的图形剪辑窗口

以上仅以 BL-420 系统为例介绍了生物机能实验系统在生理学实验中的基本应用，更详细的使用方法请参阅相关仪器的使用说明书或帮助文档。不同品牌、型号的生物机能实验系统大同小异，不难掌握。

（王　讯）

第四节　虚拟仿真实验简介

虚拟现实技术和互联网技术的快速发展对传统的实验教学产生了深刻的影响，虚拟仿真实验已广泛地应用于各大学科专业的实验教学场景。虚拟仿真实验教学项目重点解决真实实验项目条件不具备的问题或实际运行困难，涉及高危或极端环境，高成本、高消耗、不可逆操作、大型综合训练等问题。虚拟仿真实验具有互动性强、不受时空限制、趣味性强和可重复等优点。发挥虚拟仿真实验的教学优势，可突破时空限制，开启交互操作性强、可重复的实验教学新体验。结合实验课线上线下混合式教学模式，形成“线上线下＋虚实结合”四位一体的新型实验教学模式，可以丰富教学形式和内容，有助于弥补传统实验教学的不足。国家虚拟仿真实验教学课程共享平台——实验空间（http://www. ilab-x.com/），其中涉及生理学实验教学的虚拟仿真项目包括细胞电生理（中南大学）、膜片钳技术探究动作电位产生机制（山东大学）、离体蛙心灌流（昆明医科大学）、心电图基础与临床（哈尔滨医科大学）、蛙心起搏点的观察（川北医学院）、血管收缩效能测定和评价（兰州大学）、不同因素对家兔血压的调节（河北工程大学）、心输出量的影响因素（河北医科大学）、家兔实验基本操作（河南中医药大学）、以动物假饲模型为基础的胃液分泌调节（大连医科大学）、动物代谢率的测定及分析（兰州大学）、尿液生成的影响因素（郑州大学）、学习记忆的生理基础——海马长时程增强现象（中国科学技术大学）、家兔大脑皮层诱发电位（太原师范学院）等。此外，成都泰盟软件有限公司还开发了蟾蜍背根电位、骨骼肌终板电位的测定与观察、刺激频率与骨骼肌收缩的关系等 80 余个生理学虚拟仿真实验项目。四川农业大学也开发了反刍动物腮腺的分泌及瘤胃微生物的观察。上述项目为生理学实验教学与科研提供了虚拟仿真实验资源。具体教学过程中，通过线上开展虚拟仿真实验项目使学生熟悉实验原理、实验内容和操作流程，为线下实验教学打好基础，有利于提高实验成功率，也有利于学生进行拓展学习。

（王 讯）

第二章

基础生理指标测定

本章实验为生理学基本实验，帮助学生理解体温、呼吸频率、脉搏、血压、心音、心电图等基本概念和理论知识，通过这些基础生理指标的测定和观察，熟练掌握操作技能，提高分析和解决问题能力。

实验1　体温、呼吸频率的测定与脉搏检查

【目的】掌握3种基本生命体征的测定方法，了解有关影响因素。

【原理】体温、呼吸频率、脉搏是动物生命活动的重要生理指标。一般情况下，它们在一个较为恒定的范围内变动。而外界气候、运动和使役等环境条件会对其产生暂时性影响。此外的异常变化则对临床上诊断疾病和分析病程有重要意义。

【实验对象】人、鸡、家兔。

【实验用品】玻璃棒状水银柱式体温计（人用和兽用），酒精棉球，润滑剂等。

【方法步骤】

（一）正常指标测定

1．体温

（1）人体体温测量　用相应的体温计测腋下温度或口腔温度。阅读说明书，熟悉体温计的结构。水银体温计（图2-1）由一根有刻度的真空玻璃毛细管构成，一端为盛有水银的贮液槽，当水银受热后，沿毛细管上升，其上升高度与受热程度成正比。体温计的毛细管下端和水银槽间有一狭窄处，可防止水银柱遇冷迅速下降，方便测出正确的体温。体温计的刻度范围为35～42℃，每一小格为0.1℃，37℃处往往有特殊标记。

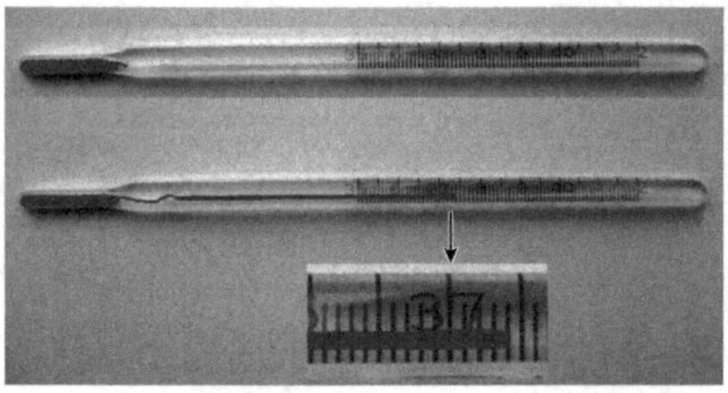

图2-1　水银体温计

口腔温度测量法：将消毒过的体温计用无菌纱布擦干，将水银柱甩至35℃以下，斜放于舌下，紧闭口唇，勿用牙咬，用鼻呼吸，放置3～7min后取出读数。

腋窝温度测量法：将受试者的腋窝内汗液擦干，消毒过的体温计擦干后水银柱甩至35℃以下，将水银端置于腋窝深处，紧贴皮肤，屈臂夹紧体温计，以形成密闭的人工体

腔，使腋窝的温度逐渐升高接近于机体的深部温度，10min 后取出读数。

（2）动物体温测定 环境温度适宜，使动物保持安静状态。先将兽用体温计（满刻度 43℃，带固定用夹子）充分甩动，使水银柱降至 35℃以下；然后用酒精棉球轻拭之并涂以润滑剂（如润滑油或水）；用一只手将动物尾根部提起并推向对侧，另一只手持体温计徐徐插入肛门中（注意避免插入直肠的宿粪中）；放下尾部后，用体温计附有的夹子夹在皮毛上防止脱落。按体温计规格要求，一定时间（如 5 分计则需 5min）后取出，读取水银柱上端的度数即可。测完后，将体温计进行清洗消毒备用。对于鸟类，通常测其翼下温度。

2. 脉搏 人可切脉桡动脉或直接用听诊器检查心搏动或用心音的频率代替；对大动物宜在下颌动脉或尾动脉处，羊、猪可在股动脉进行触诊，家兔和鸡均可以胸壁触诊计数脉搏。先检查其频率的变化，还可以检查节律及性质。脉搏较快时计数 30s 甚至 15s 即可保证一定的精确度。

3. 呼吸频率 人的呼吸频率可由被测者自行计数。计测动物呼吸次数一般可观察其胸、腹壁的起伏或鼻翼的开张动作（不甚准确）。在北方寒冷季节，可按其呼出的气流计数。鸡可注意观察肛门周围羽毛的缩动。为减小误差，呼吸频率一般应计测 2min 的次数再平均。

（二）运动后指标的变化

实验对象的品种、性别、营养状况、活动及生产性能等都会影响基本生理指标，其中以运动的影响最为明显。每组可请一位同学快速爬上、跑下五楼，完成后立即由先前的操作者测定上述几项指标，并与运动前相比较进行讨论。

【注意事项】

1. 每次测量体温，都要清洗、消毒体温计；测量腋窝温度时，要保证足够时间。

2. 温度计水银球玻璃较薄，操作和放置时动作要轻，甩体温计时，防止触及其他物体而撞碎；玻璃体温计最高温度值是 42℃或 43℃，切忌把体温计放在热水中清洗，防止爆裂。一旦水银泄出应用化学方法处理。

3. 注意控制被测对象的生理状态，避免人为因素的干扰，包括人的心理因素。

【要求与思考题】本实验属基本操作，每位同学都应能独立地获得比较准确的结果，并根据测定条件和相应生理值进行讨论，联系临床，分析生命基本体征的意义。

（王纯洁 李慧萍）

实验 2 血压的间接法测量

【目的】学习并掌握科罗特科夫（Korotkoff）听诊法测量肱动脉血压的原理和方法，并观察某些影响血压的因素。

【原理】动脉血压是血管内流动的血液对单位面积血管壁形成的侧压力，是重要的生命体征。通常血液在血管内流动时并没有声音，但当外加压力使血管变窄形成血液涡流时，则可发出声音（血管音）。因此，可以根据血管音的变化来测量动脉血压。测压时，用压脉带（袖带）在上臂或手腕（腕式血压计）加压，听诊或触诊外周端的肱动脉或桡动脉（图 2-2）。当外加压强超过动脉的收缩压时，动脉血流完全被阻断，其远端听不到任何声音（图 2-3 虚线部分）。当外加压强稍低于动脉收缩压时，则仅在心脏收缩时有少量血流通过，并开始发出啸叫声，此时的汞柱刻度相当于收缩压（图 2-3 中Ⅰ）。而当外压等于或小于舒张压时，血管内的血流连续顺畅通过，听诊器中的音调会突然降低或声音消失，此时的外压相当于舒张压（图 2-3 中Ⅳ）。用类似方法可以测定马尾动脉和鼠尾动脉的血压值。电子血压计测压原理与水银柱式血压计相同，优点是自动化程度高。如有条件可以与水银柱式血压计相比较。

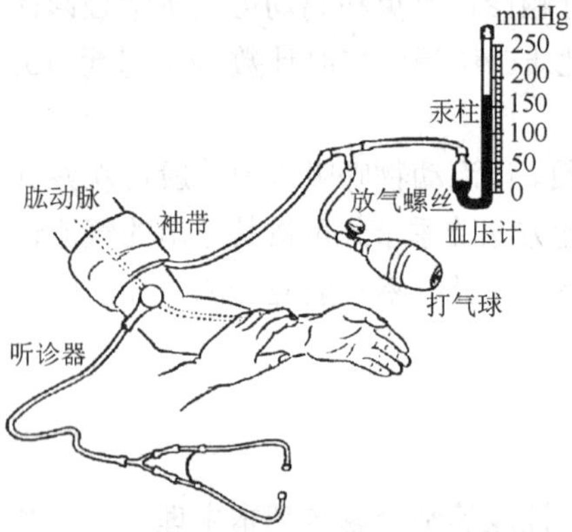

图 2-2 两种测量人体动脉血压方法的示意图（引自赵铁千和王雨若，1985）

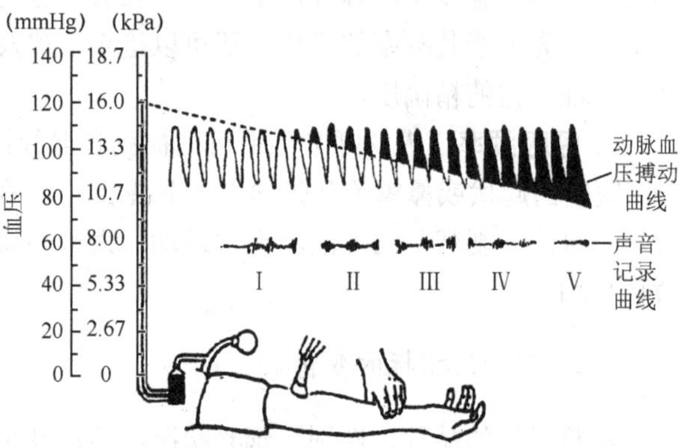

图 2-3 动脉血压测定示意图（改自何菊人和陈子彬，1988）

在正常情况下，人或哺乳动物的血压是通过神经和体液调节保持其相对稳定性。但是血压的稳定是动态的，体位、运动、呼吸、温度及大脑的思维活动等因素对血压均有一定影响。

【实验对象】人。

【实验用品】水银柱式或弹簧表式血压计，听诊器（或电子血压计），冰水等。

【方法步骤】

（一）测量操作

受试者取坐位，心脏与血压计零点同一水平。静坐 5min，待肢体放松、呼吸平稳与情绪稳定再测量。松开打气球上的螺丝，将压脉带内的空气排空后再将螺丝旋紧。受试者脱去左臂衣袖，将压脉带裹于左上臂距肘窝 3cm 上方处，压脉带应与心脏同一水平，使其松紧适度（能插入 1～2 根手指），掌心向上放于实验台上（图 2-2）。在压脉带下方、肘窝上方找到肱动脉搏动处，将听诊器的胸件置于动脉上，注意不可过于用力下压。

打开血压计水银柱开关。挤压打气球向压脉带充气加压，同时注意倾听声音变化，在声音消失后再加压 30mmHg，然后稍稍扭松打气球上的螺丝，缓慢放气（汞柱下降速度为 2～3mm/s，切勿过快、过慢），仔细倾听听诊器内血管音的一系列变化：声音先是从无到有，再由低而高，而后突然变低，最后完全消失（图 2-3）。测量后放空压脉带，使压强降至零。倾斜血压计，关闭水银柱。

（二）实验项目

1）测量正常动脉血压，反复进行 2～3 次。按 120/80mmHg 格式记录收缩压和舒张压。

2）请受试者呼吸频率加快 1 倍进行深呼吸 1min，测量并记录血压。

3）待血压恢复正常后，让受试者回忆其最气愤的事件 1min，测量并记录血压。观察情绪对血压的影响。

4）让受试者原地做下蹲起立运动，2min 内完成 100～120 个。立即坐下测量并记录血压。

5）受试者取坐位，测量正常血压，然后让受试者将手浸入冰水中 1min，立即测量并记录血压。

【注意事项】

1．室内保持安静，以利听诊。听诊器接耳的弯曲端向前，以与外耳道一致。

2．为血压计加压时不要超过收缩压值过多，否则既不利于测准血压值，又可能造成水银泄漏。汞蒸气有毒，一旦发生泄漏，应立即用化学方法处置。

3．测量血压时，受试者必须静坐，上臂与心脏水平。发现血压超出正常范围时，应让被测者休息 10min 后复测。

【要求与思考题】

1．收集统计全班的实验结果，并加以分析。

2．比较水银柱式血压计和电子血压计的测量结果，你更相信哪一种？

（王纯洁　李慧萍）

实验 3　心音听诊与心电图描记

【目的】听取人或动物的正常心音，初步了解听诊的方法；初步了解心电图的描记方法及人的正常心电图，理解其向量特性。

【原理】在心动周期中，心脏瓣膜启闭、心肌收缩和血液流动等因素所引起的机械振动，可通过周围组织传到胸壁，将听诊器放到胸部体表适当部位可听到的声音，即心音。心音在诊察心脏瓣膜功能等方面有重要意义。

在一个心动周期中，心电图是反映整个心脏兴奋的产生、传导和恢复过程中生物电变化的综合，是各部位心肌细胞上不同位相动作电位的总和波。心肌在收缩前先发生电位变化，这些电位变化可通过心肌周围的组织和体液这一容积导体传导到全身。用特定仪器从体表一定部位可以描记得到心电图。心电图反映了心脏正常机能活动，是衡量心脏活动是否正常的指标之一，也是临床常用的一种诊断方法。

【实验对象】人、家畜、青蛙或蟾蜍、鲤鱼或黄鳝。

【实验用品】听诊器，生物机能实验系统，心电引导线，水族箱，针形电极（长 1.5cm、周围绝缘的不锈钢针），温度计，酒精棉球，导电糊，任氏液等。

【方法步骤】

（一）人心音听诊

参照图 2-4，听诊器胸件紧贴皮肤，在胸壁的不同位置听取心音，体会其声调高低、时间长短、节律是否均匀及是否有杂音等。正常心脏搏动共产生 4 个心音。多数情况下只能听到第一心音和第二心音（即“嗵-嗒”的声音）。在某些健康儿童和青年人，有时（如剧烈运动后）可听到第三心音。第四心音单凭听诊很难发现，可借助仪器记录到。第一心音：发生在心室开始收缩时，音调低、持续时间较长，主要是左、右房室瓣突然关闭发出的声音。第二心音：标志着心室舒张开始，音调较高、持续时间短，主要由动脉瓣迅速关闭，血流冲击大动脉根部引起。

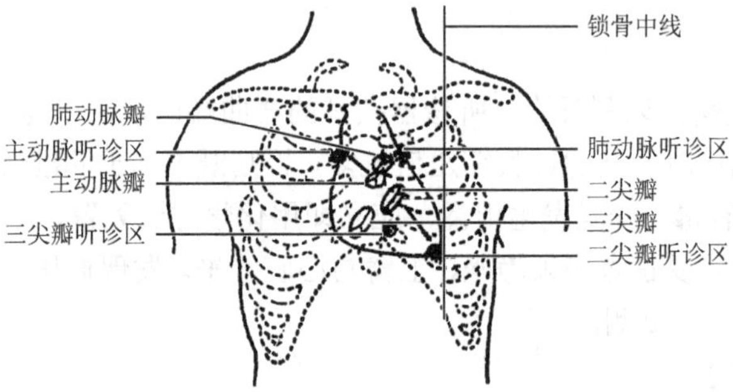

图 2-4 各瓣膜位置投影及听诊区（引自何菊人和陈子彬，1988）

（二）动物心音听诊

各种哺乳动物心脏的位置一般都在第 3～6 肋间，正中略偏左，所以听取心音时应站在动物左侧。

1. 牛和马的心音听诊 使动物处于自然站立的姿势，并进行适当的保定，以免其走动和咬踢。实验者以右手支持动物的鬐甲部或肩部，左手持听诊器。将听诊器胸件贴靠在左侧第 3～6 肋间，胸腔下 1/3 水平线上，然后选取心音最强的一点进行听诊。注意第一心音与第二心音的特征，区别它们，并计数心率。

2. 羊和猪的心音听诊 方法与牛、马相似，可使动物站立，也可取侧卧姿势。

（三）人心电图的描记

可用心电图机或生物机能实验系统描记。受试者露出手腕、脚踝，用酒精棉球擦洗引导部位（去脂层），静坐于木凳上，双手双脚分开。选择适当参数，心电引导线红线（正输入）置左脚踝或脚趾间，右手持绿线（负输入），黑线（地线）置右脚趾间，此为埃因托芬（Einthoven）标准Ⅱ导联，描记出的心电图幅度较大（图 2-5），为临床诊断所常用。

为使导电良好，可将浸透10%NaCl的棉花置鳄鱼夹与皮肤间。导线接妥后，打开生物机能实验系统开始描记。还可转换成标准Ⅰ、Ⅲ导联描记，标准Ⅰ导联红、绿线分别接右手、左手；标准Ⅲ导联红、绿线分别接左足、左手；黑线位置不变。

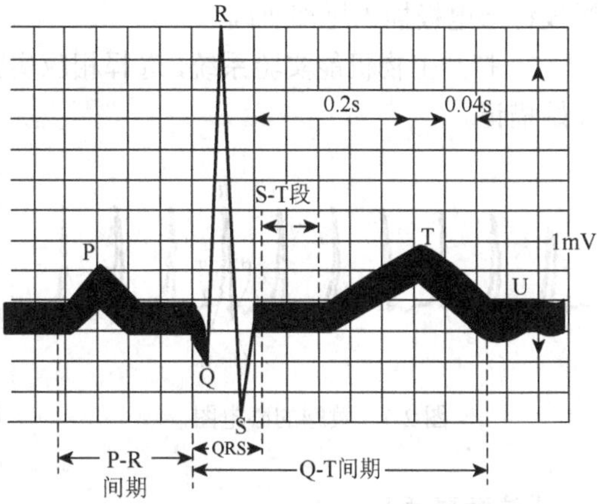

图2-5 人标准Ⅱ导联心电图

（四）蛙心电的描记

1. 在体心电图描记 对蛙行双刺毁，用大头针将其仰卧位固定在蛙板上。仿照人心电图描记法，将心电引导线的3个鳄鱼夹夹在固定不同肢体的蛙脚钉或大头针上（图2-6A），分别描记出标准Ⅰ、Ⅱ、Ⅲ导联的心电图。摘除蛙心、放回蛙心，观察显示器上描记曲线的变化。

2. 离体蛙心心电描记 用培养皿盛一些任氏液，将心电引导线的3个鳄鱼夹夹在培养皿边缘的不同位置（图 2-6B）。放入蛙心，改变蛙心的朝向及与不同鳄鱼夹的距离，观察显示器上描记出的曲线的变化，体会“心电向量”的含义。

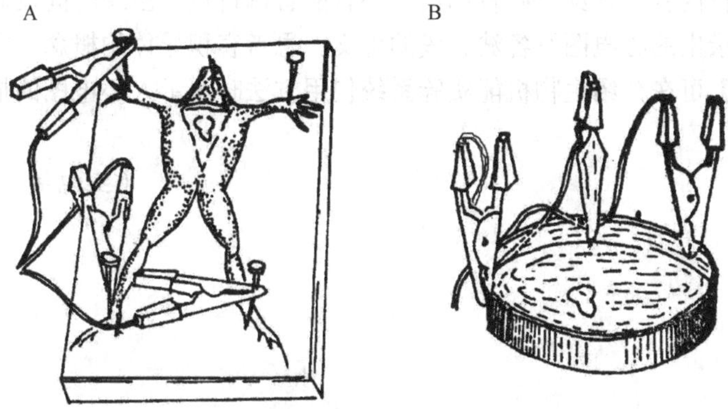

图2-6 蛙心电及离体蛙心容积导体心电描记（引自南京农学院，1982）

A. 蛙心电引导法（在体心电图描记）；B. 心电容积导体引导法（离体蛙心心电描记）

视频4 蟾蜍心电描记

（五）鱼类心电图的描记

1）用MS-222麻醉鲤鱼，将鱼仰卧于鱼台或用手握住鱼将两有效电极（红线、绿线）从两个胸鳍后缘、腹鳍前缘位置之间斜向插入肌肉（尽量靠近心脏部位），将一橡皮圈自头部套入压紧电极的导线；另一无关电极（黑线）插入尾柄部的肌肉，电极接入生物机能实验系统。

如用黄鳝，将体表黏液用纱布擦去，置于用粗砂纸铺垫的实验台上。动物由于失去了体表黏液，又被置于粗糙的表面上而丧失运动能力。以2个针形电极刺入鳝鱼两侧中线皮下（红线左侧、绿线右侧），其部位约在心脏的前后3cm处。距离越远，电压越低。

黑线针形电极插入尾部肌肉。

2）打开生物机能实验系统，选择相应实验项目或通道信号类型，调节增益为 1mV/cm 开始描记。

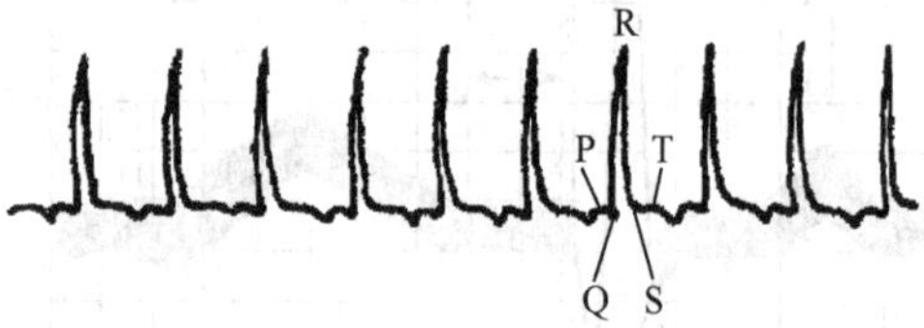

图 2-7　黄鳝的心电图

3）水族箱内盛去气曝气的水，连续充气，水体接地，将鲤鱼或黄鳝放入水族箱。鱼自由游泳 10～15min，之后记录心电图，观察 PQRST 波（图 2-7）。

4）逐步升高水温，每隔 5℃让鱼适应 15min 之后，以同样方法记录心电图，观察温度对鱼心电图和心率的影响。

【注意事项】

1．室内或现场保持安静，以利听诊。每人专用一支听诊器，使用前后注意消毒听筒。

2．描记心电图时要确实接好地线。如有杂波干扰，必须暂停记录，排除故障后再使用。

3．在清醒动物上进行心电图描记必须保证动物处于安静状态。如果动物挣扎，肌电干扰极大，应等动物稳定后再进行心电图描记。

【要求与思考题】

1．结合教材内容回答第一心音和第二心音的音调特点、出现时间及其产生原因。

2．识读记录出的心电图及各波、段的含义。思考容积导体的概念与本实验的关系。

【组织建议】可在介绍生物机能实验系统使用方法时演示人心电图的描记。

（王纯洁　李慧萍）

第三章

血液学检验与实验

血液由血浆和三种血细胞组成，对维持机体内环境的稳定和生命活动正常进行具有重要意义。临床上血液学检验可作为诊断和治疗某些疾病的辅助指标，尽管临床已经采用血细胞自动分析仪等先进设备，但是经典实验也能帮助学生加强理论知识学习，提高动手能力，熟练掌握本章的基本技能。

实验 4　血液的组成和血细胞比容的测定

【目的】了解血液的组成，区别血浆和血清；学习并掌握测定血细胞比容的方法。

【原理】血液是由液态的血浆和悬浮于其中的血细胞组成。将加入抗凝剂的全血离心，上层微黄色或无色的液体部分即血浆，下层为压紧的血细胞；血细胞占全血的容积比值即血细胞比容（hematocrit，HCT），曾称红细胞压积（packed cell volume，PCV）。血清是血液凝固成血块后所析出的淡黄色清亮液体。血清和血浆的主要区别为：血清中没有纤维蛋白原，凝血因子减少，而增加了凝血过程中释放的活性物质。

【实验对象】兔、鸡、牛、羊或猪。

【实验用品】注射器，采血针，酒精棉球，试管架，试管，离心机，天平，毛细玻璃管（内径 1.8mm、长 75mm）或温氏比容管，烧杯，小竹刷，抗凝剂（10%草酸钾、3.8%柠檬酸钠或 1000IU/mL 肝素钠）等。

【方法步骤】

（一）血液的采集

常规消毒，兔可直接由心脏采血，鸡可由翅内静脉采血，牛或羊可由颈静脉采血，猪可由耳静脉或前腔静脉采血。

（二）血液的组成

1）先将抗凝剂加入试管中，而后采血注入试管内，轻轻混匀后置于 4℃冰箱中过夜或以 3000r/min 离心 30min，观察血液的组成。

2）观察试管中血液，上层为血浆，下层为红细胞，中间的

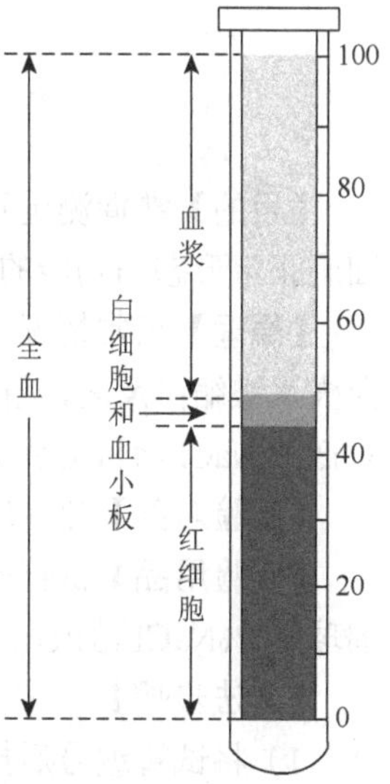

图 3-1　血细胞比容管

白色薄层为白细胞和血小板（图 3-1）。

3）另取新鲜血注入试管中，不加抗凝剂，静置 10min 以上。可见浑浊的血变为一条血凝柱，周围有清亮的血清析出。为加速此过程，可先离心几分钟或略加温。

4）取新鲜血置于小烧杯中，立即用小竹刷搅动。取出竹刷，用自来水冲洗，可见上面缠绕有白色有韧性的纤维蛋白。脱纤维蛋白血不再凝固。

（三）血细胞比容的测定

1. 微量毛细管比容法 以抗凝剂湿润毛细管内壁后吹出，让内壁自然风干或于 60～80℃干燥箱内干燥后待用。将毛细管的一端水平接触血滴，利用毛细管作用使血液进入毛细管的 2/3（约 50mm）处。用酒精灯熔封或用橡皮泥、石蜡封堵其未吸血端，然后封端向外放入专用的水平式毛细管离心机，以 12 000r/min 离心 5min。取出用刻度尺分别量出血细胞柱和全血柱高度（mm），计算其比值，即得出血细胞比容。

2. 温氏比容管法 用注射器徐徐将抗凝新鲜血液注入温氏比容管，定容至刻度“0”处，3000r/min 离心 30min；取出，读取血细胞柱刻度；再次 3000r/min 离心 5min，若刻度不变，即可测量、计算血细胞比容值。

【注意事项】

1. 血液和抗凝剂混合后应避免剧烈震动，以免引起红细胞破裂。
2. 用抗凝剂湿润毛细玻璃管或温氏比容管内壁后要充分干燥。
3. 血液进入毛细管内的刻度读数要精确，血柱中不得有气泡。

【要求与思考题】

1. 什么情况下会出现血细胞比容的增高或降低？
2. 血清和血浆的区别是什么？分别如何制备？

（徐业芬　孔庆辉）

实验 5　红细胞渗透脆性实验

【目的】掌握测定正常动物红细胞渗透脆性的方法；理解细胞外液渗透张力对维持细胞正常形态与功能的重要性。

【原理】正常情况下，红细胞混悬于等渗的血浆中，若置于高渗溶液内，则红细胞会失水皱缩；反之，置于不同浓度的低渗溶液中则会吸水膨胀，乃至破裂，发生溶血。对低渗 NaCl 溶液耐受力高者，红细胞不易破裂，即脆性低。

【实验对象】兔、鸡、牛、羊或猪。

【实验用品】试管架，小试管 10 支，2mL 吸管 2 支，滴管，注射器，采血针，酒精棉球，1%NaCl 溶液，蒸馏水等。

【方法步骤】

1）将试管编号后排列在试管架上（表 3-1），用吸管向各试管准确加入 1% NaCl 溶液和蒸馏水，混匀后即把 1%NaCl 稀释成 10 种不同浓度的低渗溶液，每管溶液均为 2mL。

表 3-1　梯度低渗盐溶液配制表

管号	1	2	3	4	5	6	7	8	9	10
1% NaCl/mL	1.4	1.3	1.2	1.1	1.0	0.9	0.8	0.7	0.6	0.5
蒸馏水/mL	0.6	0.7	0.8	0.9	1.0	1.1	1.2	1.3	1.4	1.5
NaCl 浓度/%	0.70	0.65	0.60	0.55	0.50	0.45	0.40	0.35	0.30	0.25

2）采取新鲜血液（或去纤维蛋白血），在上列试管中各加大小相等的 1 滴，双手搓动，使血液与管内盐水混合均匀。

3）室温下静置 1h，待细胞下沉；也可离心沉淀，2000～3000r/min 离心 3～5min。

4）结果判定：在光线明亮处，以白色为背景进行观察。上层清液无色，试管下层为浑浊红色，表明“未溶血”；上层清液呈深浅不同的淡红色，试管下层仍呈浑浊红色为“不完全溶血”；管内液体完全变成透明的红色，管底无细胞沉积为“完全溶血”。呈现不完全溶血的最高 NaCl 浓度为“最小抵抗”，呈现完全溶血的最高 NaCl 浓度为“最大抵抗”。

记录观察到的每管液体的现象（分层、浑浊、上清液颜色情况），作为“原始记录”。写实验报告时可直接写出“结果”，如红细胞脆性范围为 0.45%～0.55%（NaCl 溶液浓度）等。

5）将血液加到载玻片上的高渗溶液（1%NaCl 溶液）中，置于显微镜下，观察红细胞形态有何变化。

【注意事项】渗透脆性实验中取血、滴血、混匀时不要用力振荡，以免引起非渗透脆性溶血。

【要求与思考题】为何同一个体的红细胞渗透脆性不同？

【组织建议】

1. 水产养殖专业可以用鲤鱼作为实验对象，NaCl 溶液浓度范围可选 0.15%～0.60%。

2. 为使测定结果更精确，不同小组可分浓度段缩小浓度梯度。只需测准最小抵抗或最大抵抗即可。

（徐业芬　孔庆辉）

实验 6　红细胞沉降率的测定

【目的】理解红细胞沉降率概念并掌握其测定方法。

【原理】红细胞沉降率简称血沉，是指将加有抗凝剂的血液吸入一特制的具有刻度的玻管（血沉管）内，置于血沉管架上，经一定时间，计测沉降的红细胞上面血浆柱的高度。通常以第一小时末的数值作为血沉的指标。临床上可作为诊断某些疾病的辅助指标。

【实验对象】兔、鸡、牛、羊或猪。

【实验用品】魏氏（Westergren）血沉管，血沉管架，注射器，采血针，酒精棉球，试管架，试管，洗耳球，小烧杯或青霉素瓶，3.8%柠檬酸钠等。

【方法步骤】

1）采集血液，方法同实验 4。试管或青霉素瓶中先加 3.8%柠檬酸钠溶液 1mL，再注入新鲜血液 4mL，混匀，使抗凝剂与血液之间的容积比例为 1∶4。

2）将血液充分摇匀，但不可过分振荡以免破坏红细胞。用清洁、干燥的血沉管，小心地吸血并定容至最高刻度“0”处，避免产生气泡，否则须重做。将吸有血液的血沉管垂直置于血沉管架上，分别在 15min、30min、45min、1h、2h 检查并记录血沉管上部血浆柱的高度，以毫米为单位。

3）实验完成后，小心取下血沉管，用自来水冲洗，并晾干。

【注意事项】

1．血沉管放置要垂直，不得有气泡或漏血（需要时可垫以乳胶手套）。

2．血沉的快慢与温度有关，实验室温度以 22℃左右为宜。温度偏高，血沉会加快。

3．自采血时起，本实验应在 2h 内测定完毕，否则会影响结果的准确性。

【要求与思考题】

1．红细胞沉降率为什么可以保持相对稳定？

2．怎样证明影响血沉的主要因素来自血浆而不是血细胞？

（徐业芬　孔庆辉）

实验 7　血红蛋白的测定

【目的】掌握沙利氏（Sahli）比色法测定血红蛋白的原理和方法。

【原理】血液中血红蛋白的颜色会随着与 O_2 或 CO_2 结合量的多少而改变，不利于比色。血液加入稀盐酸可使血红蛋白氧化成稳定的棕红色高铁血红蛋白，且其颜色的深浅与血红蛋白的含量成正比。据此可与标准比色板进行比色，计算出被测对象血红蛋白的含量。血红蛋白含量通常以每升血液中血红蛋白的克数（g/L）来表示。

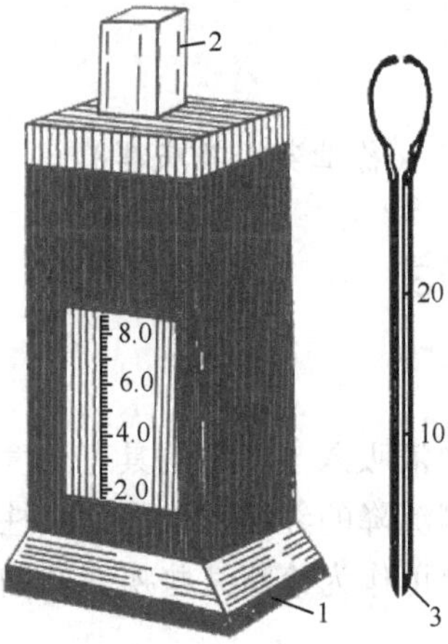

图 3-2　血红蛋白计

1．比色箱；2．测定管；3．吸血管

【实验对象】人、家兔、鸡、鱼等。

【实验用品】沙利氏血红蛋白计，酒精棉球，干棉球，采血针，0.1mol/L 盐酸，蒸馏水，95%乙醇，乙醚等。

【方法步骤】

1）血红蛋白计由带有标准棕红色玻璃比色板的比色箱、血红蛋白吸管（也称吸血管）和测定管组成（图 3-2）。吸血管为一厚壁毛细玻璃管，其上标有 10μL 和 20μL 的刻度；测定管两侧标有两行刻度，从下往上，一侧刻度为 2.0～22.0g，表示 100mL 血液中所含血红蛋白克数，以 g/dL 表示；另一侧刻度为 10%～160%，表示 100mL 血液中血红蛋白的百分率。

2）测定管用自来水、蒸馏水清洗干净，吸血管依次用自来水、蒸馏水、95%乙醇和乙醚清洗，干燥备用。

3）将 0.1mol/L 盐酸加入测定管至刻度“2”或“10%”处。

4）用酒精棉球消毒采血部位，以采血针采血，用吸血管插入流出的血滴深处，吸血并定容至刻度 20μL 处，拭净外壁，立即将血液轻轻吹入测定管的盐酸中。反复吸吹，使吸血管中血液全部进入盐酸液中，避免出现气泡，然后轻轻混匀。

5）静置，反应 10min，待血液变成棕褐色后，缓缓滴加蒸馏水，边滴边混匀，并与标准比色板比较，至二者颜色相同为止。

6）读出测定管内液体凹面最低处的刻度，即每 100mL 血液中血红蛋白的克数，换算为 g/L 表示。另一面刻度表示百分率，可参照血红蛋白计的说明（如 100%＝145g/L）换算。

7）实验完毕，及时清理、洗净吸血管和测定管。

【注意事项】

1. 血红蛋白与盐酸的反应时间应不少于 10min。

2. 加水稀释不可过急，如测定管中液体颜色较比色板浅，则弃去重做。

3. 比色最好在自然光下，不要在黄色光下进行。

【要求与思考题】

1. 测定血红蛋白有什么临床意义？测定方法有哪些？

2. 将实验结果与实验对象的生理值相比较，讨论哪些因素可能影响血红蛋白的含量。

（何玉琴　张全伟）

实验 8　血细胞计数

【目的】了解血细胞计数的原理；掌握血细胞计数的方法。

【原理】红细胞、白细胞和血小板是血液的细胞成分。血细胞数量很多，计数时，需将血液稀释后，充入血细胞计数室中，在显微镜下计数一定容积内稀释血液中的红细胞、白细胞和血小板数量，再换算成 1L 血液内所含血细胞的数目。

【实验对象】家兔、鸡或鱼等。

【实验用品】红细胞稀释液，白细胞稀释液，血小板稀释液，血细胞计数板，专用盖玻片，血红蛋白吸管（吸血管），显微镜，手揿计数机，拭镜纸，小试管，采血针，酒精棉球，移液管或吸管，注射器，75%乙醇，蒸馏水等。

【方法步骤】

（一）配制血细胞稀释液

1. 红细胞稀释液　NaCl 0.5g、$Na_2SO_4 \cdot 10H_2O$ 2.5g（增加溶液比重使红细胞分布均匀、不易下沉）、$HgCl_2$ 0.25g，加蒸馏水至 100mL，过滤后备用；也可用生理盐水作稀释液，鱼类用 0.7% NaCl 溶液作稀释液。

2．白细胞稀释液 冰醋酸 2mL（破坏红细胞）、1%甲紫或 1%亚甲蓝（使白细胞核着色）1mL，加蒸馏水至 100mL，过滤后备用。

3．血小板稀释液 尿素 10g（维持渗透压）、柠檬酸钠 0.5g（防止血小板凝集）、40%甲醛 0.1mL，加蒸馏水到 100mL，混匀，过滤后备用。

（二）血细胞计数板的结构与使用方法

血细胞计数板用蒸馏水清洗干净，用滤纸蘸干，置于显微镜下，熟悉计数室的结构。

改良牛氏（improved-Neubauer）血细胞计数板是特制长方形厚玻璃板，在中央横沟的前后各有一结构完全相同的计数室。计数室较两边的盖玻片支柱低 0.1mm，放置盖玻片时，计数板与其间距即计数室空间高 0.1mm（图 3-3）。在低倍显微镜下，可见每个计数室被双线划分成 9 个大方格，每个大方格边长为 1.0mm。四角的大方格用于白细胞计数，每个大方格又各分为 16 个中方格，边长 0.25mm。中央大方格用双线划分为 25 个中方格，边长 0.2mm；每个中方格又用单线划分成 16 个小方格，共计 400 个小方格（25×16），边长 0.05mm（图 3-4），中央大方格的四角和中心共 5 个中方格用于红细胞或血小板计数。

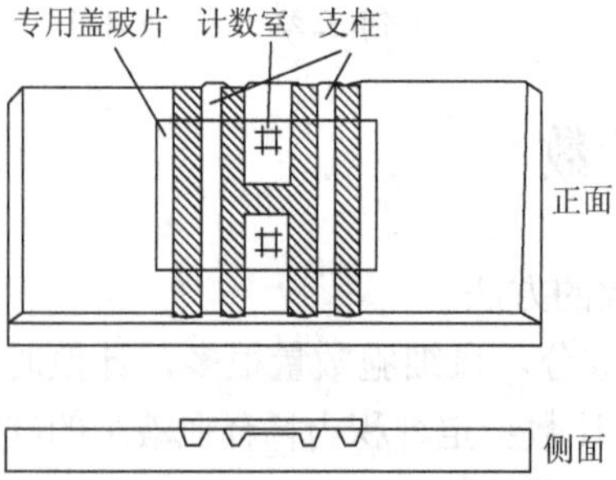

图 3-3 血细胞计数板

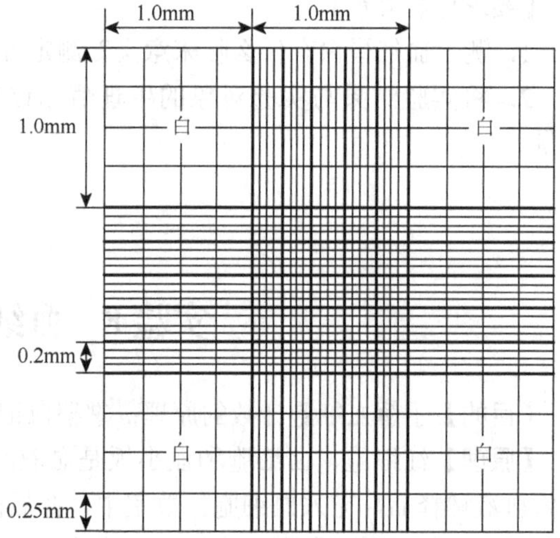

图 3-4 改良牛氏血细胞计数室

“白”为计数白细胞的大方格

（三）采血和稀释

血液稀释有血细胞吸管法和试管法两种，本实验介绍试管法稀释。

准备 3 个干净的小试管，标记为 1 号、2 号、3 号，用 4mL 吸管分别准确吸取 3.98mL 红细胞稀释液、0.38mL 白细胞稀释液和 3.98mL 血小板稀释液，加入上述试管中。用酒精棉球消毒动物的采血部位，稍待其干燥后，用消毒采血针刺入采血部位 2～3mm，使血液流出，用棉球拭去第一滴血后，当血液流出较多时，分别用洁净的血红蛋白吸管准确吸取 20μL 血液。擦净管外血液，分别加至上述试管底部，将血液轻轻吹入其中，再用上清液清洗血红蛋白吸管 3 次，摇匀待用。这样分别使血液中的红细胞稀释 200 倍，白细胞稀释 20 倍，血小板稀释 200 倍。

（四）血细胞计数

1. 红细胞计数 取洁净的计数板，置于水平的显微镜载物台上，横着盖上盖玻片，使上下各空出少许。用滴管吸取摇匀的红细胞稀释悬液，将滴管尖轻轻置于盖玻片边缘外，使得滴出的血细胞悬液凭毛细管作用吸入计数室，以恰好一次性充满计数室为宜（图 3-5）。

静置 2min 后计数，在低倍镜下观察，不均匀则抛弃。计数时用虹彩（即光圈）、集光器、反光镜等调节入射光角度和强度，认清计数室位置。将红细胞计数区调整到视野中央，换为高倍镜。依次计数并记录 5 个中方格中红细胞数目。计数“由上至下，由左至右，顺序如弓”，对压边线细胞采取“数上不数下，数左不数右”的原则（图 3-6）。

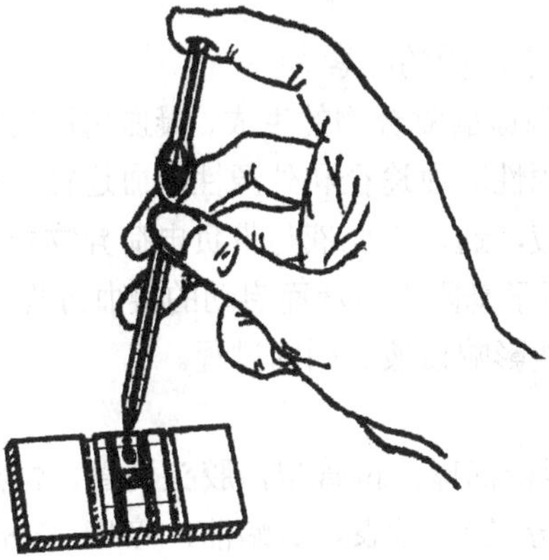

图 3-5 计数室充液法

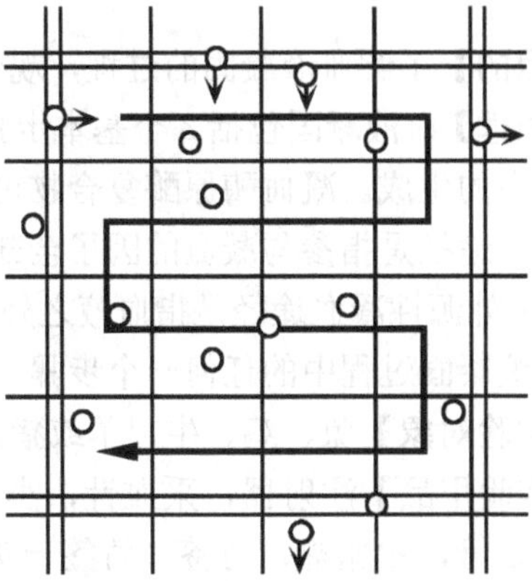

图 3-6 计数血细胞的路线

2. 白细胞计数 充液方法同红细胞计数。在低倍镜下找到白细胞计数区，计数边角 4 个大方格中的白细胞数目，也可用高倍镜观察。

3. 血小板计数 充液后静置 20min。待血小板下沉后，于高倍镜下计数（同红细胞计数）。在高倍镜下，血小板呈椭圆形、圆形或不规则的折光小体分布于红细胞间，直径相当于红细胞的 1/5～1/4。注意与红细胞、白细胞碎片及杂质相区别。

（五）血细胞数目计算

按计数室构造及血液稀释倍数，将血细胞计数结果换算成每升血中血细胞的个数。

血细胞数（$\times 10^{12}$个/L）＝血细胞计数值（个）÷计数体积（L）×稀释倍数

（六）仪器洗涤

血细胞计数板、盖玻片等用清水冲洗，再用绸布蘸干。采血、稀释用的注射器、吸血管、吸管及时清洗干净，晾干或适当温度烘干备用。

【注意事项】

1. 采血要迅速、准确，不能凝血，也不能有气泡，否则弃去重新采血。

2. 充液前充分混匀血细胞悬液，充液要连续、适量，充液后应待血细胞下沉后再计数。

【要求与思考题】

1. 计算结果并与实验对象的相应生理指标（可参阅附录 1 等）比较，在报告附录中简要说明计算过程，求出本组几人测定的均值并进行评价。

2. 了解各类稀释液成分，分析各试剂的作用。

3. 分析实验中哪些因素会影响血细胞计数的准确性。

（何玉琴　张全伟）

实验 9　影响血液凝固的因素

【目的】了解血液凝固的过程，观察影响血液凝固的因素。

【原理】血液凝固包括 3 个基本步骤：凝血酶原酶复合物的生成、凝血酶原的激活和纤维蛋白的生成。凝血酶原酶复合物可通过内源性凝血途径和外源性凝血途径生成。内源性凝血途径是指参与凝血的因子全部来自血液，通常因血液与带负电荷异物表面接触而启动；外源性凝血途径是指血液之外的组织因子暴露于血液而启动的凝血过程。因此，影响血液凝固过程中的任何一个步骤，都有可能影响血液凝固的过程。

【实验对象】兔、鸡、牛、羊或猪。

【实验用品】注射器，采血针，小烧杯，酒精棉球，试管架，胶头滴管，恒温水浴锅，小试管，脱脂棉，竹签（竹签一头用剪刀分叉），秒表，石蜡油，碎冰，3.8%柠檬酸钠，肝素钠，2%草酸钾等。

【方法步骤】

1. 血液的采集　方法同实验 4。

2. 实验步骤及记录　取 8 支洁净、干燥的小试管，按照表 3-2 分别加入相应的试剂和实验用品，各试管每 30min 倾斜一次；另取小烧杯 1 个，加血 10mL，用竹签不断搅拌血液直至形成纤维蛋白，然后观察血液凝固情况，做相应记录并分析原因。

表 3-2　不同因素对血液凝固的影响

编号	不同实验条件	血量	结果	原因
1	空白对照（无处理）	1mL		
2	试管内放少许棉花	1mL		
3	试管内表面用石蜡油浸润	1mL		
4	置于 37℃水浴锅中	1mL		
5	置于碎冰中预冷	1mL		
6	3.8%柠檬酸钠 3 滴（混匀）	1mL		

续表

编号	不同实验条件	血量	结果	原因
7	肝素钠（含肝素 8 单位）（混匀）	1mL		
8	2%草酸钾 3 滴（混匀）	1mL		
9	竹签（分叉头不断搅拌）	10mL		

【注意事项】

1. 血液采集过程须尽快完成，否则会影响后续结果。
2. 试管做好标记，以免混乱，影响实验结果判定。
3. 试管大小应一致，判断是否凝固以试管倾斜 45°时血液不流动为准。

【要求与思考题】

1. 血液凝固的机制是什么？
2. 影响血液凝固的因素有哪些？

（孔庆辉　徐业芬）

实验 10　红细胞凝集现象观察与人 ABO 血型鉴定

【目的】观察红细胞凝集现象；掌握人 ABO 血型鉴定的原理和方法。

【原理】ABO 血型系统是根据红细胞膜上是否有 A 凝集原、B 凝集原而分为 A、B、AB、O 四种血型。人红细胞膜上有 A 凝集原和 B 凝集原，血清中存在抗 A 凝集素、抗 B 凝集素，当 A 凝集原与抗 A 凝集素相遇或 B 凝集原与抗 B 凝集素相遇时，会发生红细胞凝集现象。血型鉴定是将受试者的红细胞加入标准 A 型血清和标准 B 型血清中，观察有无凝集现象发生，从而测知受试者红细胞凝集原的类型，鉴定 ABO 血型。

【实验对象】人或家兔等。

【实验用品】双凹玻片，一次性刺血针，牙签，酒精棉球，棉签或脱脂棉，记号笔，显微镜，A 型（抗 B）标准血清，B 型（抗 A）标准血清，生理盐水等。

【方法步骤】

1）取一洁净双凹玻片，中央标记受试者姓名或学号，左上角、右上角标记“抗 A”“抗 B”字样，分别滴入抗 A、抗 B 标准血清 2～3 滴。

2）用酒精棉球消毒人指尖和一次性刺血针，待乙醇挥发后，一次性刺血针刺破皮肤，用两支洁净牙签各蘸取一滴血液，分别与一种标准血清混匀（切勿混用），室温下静置几分钟，肉眼观察有无凝集反应。肉眼不易分辨时可用显微镜观察。

视频 5　人 ABO 血型鉴定

3）红细胞凝集现象观察和血型判定：红细胞成簇并聚集成团，经振荡或轻轻搅动也不散开，即发生了红细胞凝集反应（图 3-7 左）；红细胞散在均匀分布，或虽似成团，一经振荡即散开，则未发生凝集反应（图 3-7 右）。

与抗 A 血清发生凝集反应，说明受试者红细胞膜上有 A 凝集原。根据 A 凝集原、B

凝集原有无做出血型判定。

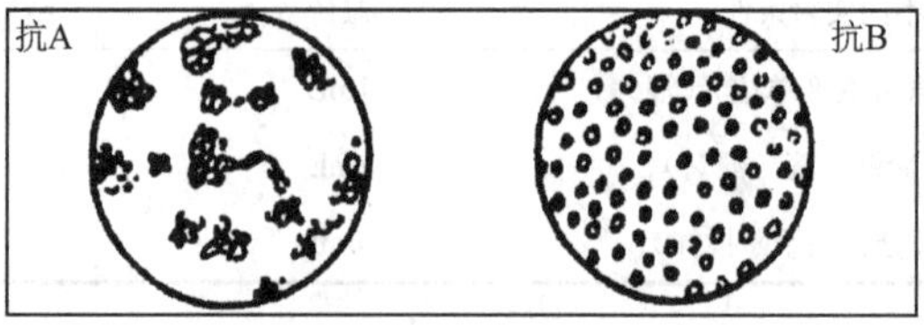

图 3-7　红细胞凝集

由于亚型的存在，现在医学临床血型鉴定还要使用 O 型标准血清参与正向定型。甚至还用 A、B、AB 三种血型的红细胞检查血清中的未知抗体，称为反向定型。两者符合时，方能做出正确判断。

4）交叉配血试验。该试验可以以人或动物为对象进行。用碘酒和酒精棉球消毒皮肤后，用消毒的注射器分别抽取供血者和受血者静脉血 2mL，取一滴加入盛有 1mL 生理盐水的小试管中，制成 2%的红细胞悬浮液。其余血液注入另一小试管中，待血液凝固后离心析出血清。

在双凹玻片两端分别标记供血者和受血者的姓名或代号，分别滴上他们的血清少许。将供血者的红细胞悬液吸取少量，滴入受血者的血清中（称为主侧配血）（图 3-8）；将受血者的红细胞悬液吸取少量，滴入供血者的血清中（称为次侧配血），混合。37℃温浴 10～30min，肉眼观察有无凝集现象，肉眼不易分辨时用显微镜观察。如果两侧交叉配血均无凝集反应，说明配血相合，能够输血。如果主侧发生凝集反应，说明配血不合，不论次侧配血结果如何都不能输血。如果仅次侧配血发生凝集反应，只有在紧急情况下才有可能考虑输血。

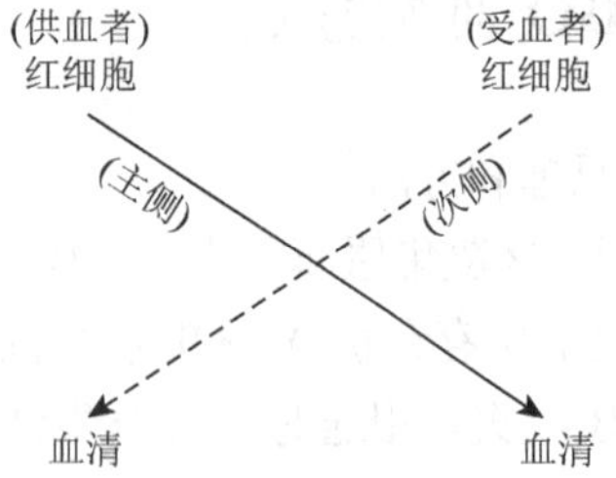

图 3-8　交叉配血试验

【注意事项】

1．每根牙签只能蘸血一次，避免交叉污染。

2．血液过多过少都不利于结果的观察、判定。

【要求与思考题】

1．除 ABO 血型系统外还有什么血型系统？其分类标准是什么？

2．相同血型之间输血时，是否需做交叉配血试验？为什么？

（何玉琴　张全伟）

第四章

神经-肌肉生理实验

本章实验多为生理学基本实验，帮助学生理解神经-肌肉接头处信息传递、动作电位的形成与传导、刺激与反应的关系、反射弧组成以及心肌细胞的生理特性等理论知识，通过标本制备和实验项目观察，熟练掌握基本操作技能，提高观察、分析和解决问题的能力。

实验 11　蛙类坐骨神经-腓肠肌标本制备

【目的】熟悉常用手术器械的用法和基本操作；掌握坐骨神经-腓肠肌标本的制备方法。

【原理】青蛙或蟾蜍等两栖动物的一些基本生命活动和生理功能与恒温动物相似，而其离体组织所需生活条件易于达到，可较长时间保持生理活性。因此，在生理学实验中常用蛙类坐骨神经-腓肠肌标本来观察神经肌肉的兴奋性、兴奋过程以及骨骼肌收缩特点等。

【实验对象】青蛙或蟾蜍等。

【实验用品】蛙类手术器械，锌铜弓，烧杯，胶头滴管，培养皿，棉线，任氏液等。

【方法步骤】

1. 破坏脑、脊髓　左手持蛙，用食指下压吻端，拇指按压背部，使蛙头前俯；右手食指沿两鼓膜正中向后触摸，触及一凹陷处，即枕骨大孔。用蛙针由凹陷处垂直刺入枕骨大孔，再向前伸入颅腔，左右搅动捣毁脑组织；然后将蛙针向后插入椎管，捣毁脊髓（毁髓针法，图 4-1A）。或将铁剪刀插入蛙口裂，沿两眼后缘剪去头，再以蛙针捣毁脊髓（断头法）。待蛙四肢肌肉紧张性完全消失，即表示脑和脊髓已破坏完全。

2. 剪除躯干上部及内脏　用铁剪刀沿两侧腋部剪断脊柱，再用手术剪分别沿脊柱两侧向下剪切腹壁，将头、前肢和内脏一并弃去，仅保留下段脊柱和后肢。脊柱腹侧两旁可见坐骨神经丛（图 4-1B）。

3. 剥去皮肤　先剪去泄殖孔周围皮肤。避开神经，左手捏住脊柱断端，右手捏住断端边缘皮肤，向下剥掉全部后肢皮肤。拉至大腿时，如阻力较大，可先剥下一侧，再剥另一侧。标本放入盛有任氏液的小烧杯或培养皿中，将手及用过的器械、蛙板洗净擦干，以免蛙血及皮肤分泌物污染神经-肌肉标本。若标本为电生理实验用则禁止撕皮，需用剪刀剪断皮下结缔组织来分离皮肤。

4. 分离标本为两部分 用铁剪刀沿脊柱和耻骨联合正中将标本均分为左右两半，分别做进一步剥制。

5. 游离坐骨神经 用蛙脚钉或大头针将蛙下半身俯位固定在蛙板上，认清坐骨神经沟和腓肠肌的部位（图 4-1C），用剪刀剪断梨状肌及其周围的结缔组织，用玻璃分针在半膜肌和股二头肌之间分离出坐骨神经。注意分离时要仔细用眼科剪剪断坐骨神经的分支，勿伤神经干，前面分离至脊柱坐骨神经丛基部，向下分离至膝关节。保留与坐骨神经相连的一小块脊柱，将分离出来的坐骨神经搭于腓肠肌上，去除膝关节周围以上的全部大腿肌肉，用铁剪刀刮净股骨上附着的肌肉，保留下半段股骨（不要留短了）。

6. 分离腓肠肌 在跟腱上扎牢一根丝线，提起结扎线，剪断结扎线外的跟腱，游离腓肠肌至膝关节处，将膝关节以下其他所有组织全部剪去。至此，标本制成（图 4-1D）。

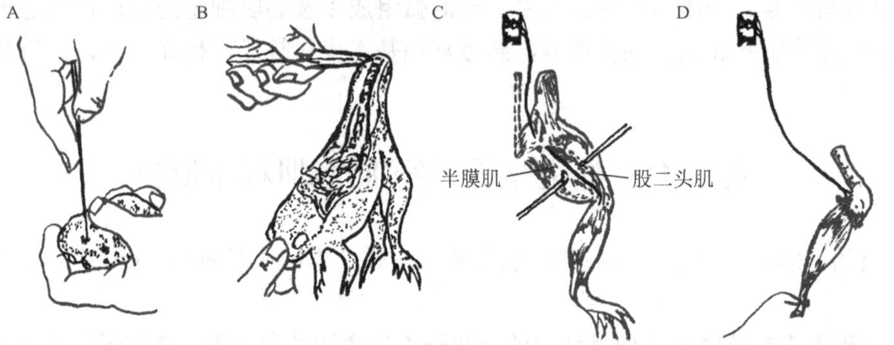

图 4-1　蛙坐骨神经-腓肠肌标本的制备

视频 6　蛙坐骨神经-腓肠肌标本制备

7. 标本的检验 将标本置于蛙板上，用锌铜弓（或电子刺激器）刺激坐骨神经，若腓肠肌迅速强烈收缩，表明标本的兴奋性良好，制备成功。将标本放入任氏液中待用。

【注意事项】

1. 制备标本过程中，应放置在蛙板上操作并随时用任氏液润湿神经和肌肉，防止干燥；不能用自来水冲洗标本。

2. 游离神经时，应将周围的结缔组织剥离干净；切勿用玻璃分针逆向剥离，避免损伤神经干，并应尽量减少金属器械触碰神经。

3. 如用蟾蜍，应防止耳后腺分泌物溅入眼内，并注意避免蟾蜍皮肤分泌物和血液等污染标本。

4. 有时标本兴奋性过高，可在任氏液中放置 20min，待其稳定后再用于后续实验。必要时可接地予以分流。

【要求与思考题】

1. 破坏脑、脊髓过程中和完成后，青蛙或蟾蜍先后有何表现？为什么？

2. 影响蛙坐骨神经-腓肠肌标本兴奋性的因素可能有哪些？

【组织建议】本实验为基本操作训练，开展线下教学前，学生应认真观看教学视频，如有必要可由教师先做演示，学生每两人一只蛙，分别制备标本。本次实验成绩可依标本检验结果判定。

（王　讯）

实验 12　神经干动作电位的描记及其传导速度测定

【目的】理解神经干单相、双相动作电位产生的原因；学习生物机能实验系统使用方法；掌握神经传导速度测定的基本原理和方法。

【原理】动作电位是神经兴奋的客观标志，将两个引导电极置于完整的神经干表面，当动作电位先后流过两电极时，可记录到先上后下的电位波形，即**双相动作电位**；若将两个引导电极置于神经干损伤部位的两侧，只能记录到一个方向的电位波形，叫作**单相动作电位**。单根神经纤维的动作电位是“全或无”式的。神经干是由许多神经纤维组成的，由于不同神经纤维的兴奋性不同，因此**神经干复合动作电位**的幅度是各条神经纤维上动作电位的叠加，在一定范围内可随刺激强度的增大而升高。

神经纤维的生理特性之一是具有高度的传导性。不同类型的神经纤维传导速度不同，主要受神经纤维的粗细、内阻及有无髓鞘的影响。如果测得神经冲动在神经干上传导的距离（s）与时间（t），可求出神经冲动传导速度：$v=s/t$。

【实验对象】蟾蜍或青蛙等。

【实验用品】生物机能实验系统，神经标本屏蔽盒，蛙类手术器械一套，小烧杯，滴管，滤纸，竹夹，棉线，通用支架，任氏液等。

【方法步骤】

（一）坐骨神经干标本制备

参照实验 11。并在坐骨神经游离至膝关节处后再继续向下剥离，在腓肠肌两侧肌沟中找到胫神经和腓神经，任意剪断一支而保留另一支，直到足趾，用线结扎后剪断。

（二）仪器连接

1）按图 4-2 将生物机能实验系统与神经标本屏蔽盒间的刺激电极、引导电极等连接好。

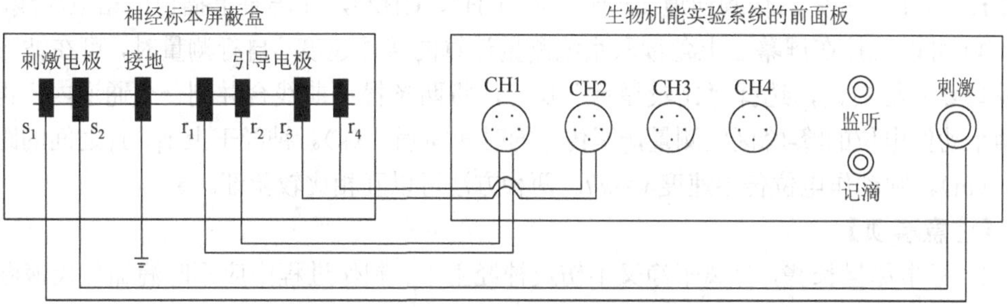

图 4-2　神经干动作电位引导装置图

2）将神经标本屏蔽盒内所有电极用浸有任氏液的棉球擦净，保持盒内一定湿度，以免神经标本干燥。

3）用竹夹夹住已制备好的标本一端，将其平放于神经标本屏蔽盒内，并使其与所有电极确切接触，用滤纸片吸去标本上过多的任氏液。

4）打开生物机能实验系统，选择相应的实验项目开始实验。或人工调节相关参数：灵敏度为100mV/cm，走纸速度为1m/s，整机灵敏度调至0.5mV/s，刺激输出强度1.0V左右，刺激波宽0.1～1.0ms。

（三）神经干动作电位观察

1）双相动作电位。当神经未受刺激时，两电极 r_1、r_2 之间无电位差，显示器上为一水平基线。当神经在电极 s_1、s_2 处受到一次适宜强度的刺激，立即产生一个动作电位（即负电变化）。当动作电位传到电极 r_1 处时，r_1、r_2 间出现电位差，描记曲线向上偏转（电生理实验中，习惯规定负波向上）；当动作电位移到 r_1、r_2 间，两电极间又无电位差，曲线回到基线水平；动作电位继续右移到 r_2 处时，两电极间又有电位差出现，方向倒置，引起描记曲线向下偏转。所以显示窗口中显示了一个双相动作电位（图1-22）。

2）单相动作电位。用药物阻断或机械损伤 r_1、r_2 间的神经干。此时冲动只能传至 r_1 点（r_2 仅作为参考电极），静息时 r_1、r_2 间电位相等。当刺激神经时，产生的动作电位只能传到损伤处，所以只能引起描记曲线向上偏转一次，显示窗口中仅显示出一个单相动作电位。

3）增强刺激强度时，可见神经干复合动作电位幅度在一定范围内随刺激强度变化而变化。

（四）神经传导速度测定

1）将新制备的神经标本平直地置于屏蔽盒内，使之与用任氏液棉球擦拭过的刺激电极 s_1、s_2，接地电极和记录电极 r_1、r_2 及 r_3、r_4 接触良好，注意勿使电极间短路。

2）选择实验项目“神经干传导速度测定”，按“确定”按钮后，系统要求输入两对引导电极间距离。输入 r_1 和 r_3 间距离（r_2 与 r_4 间距离应相同）值，或按预设值（一般为2cm）调整电极间距离，然后按“确定”。

3）系统自动输出一个有效刺激到 s_1、s_2，激发的动作电位会先后传到引导电极 r_1、r_2 及 r_3、r_4 上，并先后传到通道1、通道2（CH1、CH2），在屏幕上描记出相应曲线。

4）可以直接在屏幕右上角读取系统测量计算的传导速度。自行测量时，可在波形显示窗口点鼠标右键，选择“比较显示”功能，将两条描记曲线合并到一个通道内；再进行两个动作电位的峰-峰区间测量，即传导的时间间隔 t（s）。神经干上 r_1、r_3 之间的距离为 s（m）。则动作电位传导速度 $v=s/t$。两种方法可以互相比较验证。

【注意事项】

1．标本尽量长些，分离干净又不伤及神经主干。制作过程中应不时滴加任氏液湿润神经。

2．标本应平直地放在电极上与电极密切接触，不可与神经槽壁接触。经常湿润标本，但要用滤纸吸去过多的任氏液，以防短路。

3．动作电位如果是先下后上，可能是由于引导电极接反了，将正负极对调即可。

4．一定要将神经干粗端放于刺激电极一侧。

5．尽量减少干扰源，注意屏蔽、接地。刺激伪迹不能不要，也不宜过大。为此，标本应新鲜，屏蔽盒内少附带任氏液，刺激波宽窄些，波幅以刚达到最适刺激为宜，不可太大。

【要求与思考题】

1．神经干复合动作电位是否遵循“全或无”规律？为什么？

2．记录神经干动作电位和传导速度时，可能出现哪些问题？如何解决？

【组织建议】本实验可开展翻转课堂，讨论神经干动作电位传导速度的测定原理。然后由学生制备标本，进行相应实验。

（王 讯）

实验 13 刺激强度、刺激频率与骨骼肌的收缩

【目的】观察刺激与反应的一些规律；了解骨骼肌的收缩特点。

【原理】肌肉组织是可兴奋组织，受到刺激后会产生动作电位，并表现明显的收缩。引起组织发生反应的刺激应是适宜刺激，并在刺激强度、持续时间及强度-时间变化率上达到某一基础值。固定每次刺激的持续时间（波宽），刚能引起收缩反应的最小刺激强度称为**阈强度**，该组刺激强度、持续时间即**阈刺激**。

就单条骨骼肌纤维而言，它对刺激的反应具有“全或无”的性质。但腓肠肌内含有许多骨骼肌纤维，它们的兴奋性不同，因而兴奋所需的阈强度也不同。因此整块肌肉对刺激的反应呈现出在一定范围内其收缩力与刺激强度成正比的关系。能使肌肉达到最大收缩的最小刺激强度称为**最适强度**，该刺激为**最适刺激**（或最大刺激）。

骨骼肌在受到一次刺激后，可以产生一次等长或等张收缩，称为**单收缩**。其全部过程可分为潜伏期、收缩期和舒张期。在一定的刺激强度下，随着刺激频率的增加、刺激间隔时间的缩短，肌肉出现不同的收缩形式：一连串的单收缩→收缩的综合→不完全强直收缩（带锯齿的收缩曲线）→完全**强直收缩**（平滑的曲线）。刚能产生完全强直收缩的刺激频率称为**临界融合频率**。

【实验对象】青蛙或蟾蜍等。

【实验用品】生物机能实验系统，张力传感器，蛙类手术器械，铜锌弓，肌槽，铁架台，双凹夹，棉线，任氏液等。

【方法步骤】

（一）实验准备

按实验 11 制备坐骨神经-腓肠肌标本。用锌铜弓检验标本的兴奋性，将兴奋性好的标本放入任氏液中待用。

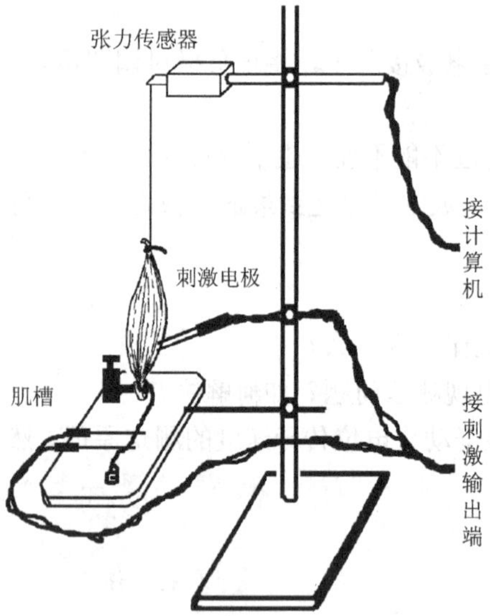

图 4-3 刺激与反应记录装置

实验时，按图 4-3 所示，先将标本的股骨固定在肌槽的骨头固定孔内，夹持脊椎骨将坐骨神经搭在刺激电极上，标本跟腱上的结扎线连接张力传感器的弹簧片，拉直结扎线，松紧适度。刺激电极接通刺激输出端，传感器的输出端与计算机相连，选定相应实验项目或参数后开机。

（二）实验项目

1. 阈刺激 固定单个刺激的持续时间（即波宽），从小到大调节单个电刺激的强度（即电压），找到一个阈强度；改变为另一个波宽，再同样找出另一个阈强度，体会单个阈刺激中时间与强度的关系。

2. 最适刺激 从阈刺激开始，逐渐增大单个刺激强度，观察显示窗口描出的肌肉收缩曲线的幅度，找出幅度开始不再增大时的最小强度，即最适强度（注明波宽）。

3. 骨骼肌的单收缩 用较快的走纸速度（50mm/s 以上）记录肌肉一次收缩的全过程，结合时间标记测量分析其潜伏期、收缩期、舒张期的长短。

4. 骨骼肌收缩的综合 给予坐骨神经相继的两个阈上刺激，观察逐步缩短刺激间隔时，描记出的收缩曲线的变化，体会骨骼肌收缩的综合和骨骼肌兴奋性的变化。

5. 骨骼肌的强直收缩 给予坐骨神经以连续电刺激，频率由低到高（1～30Hz），观察不完全强直收缩、完全强直收缩曲线，并找出临界融合频率（图 4-4）。

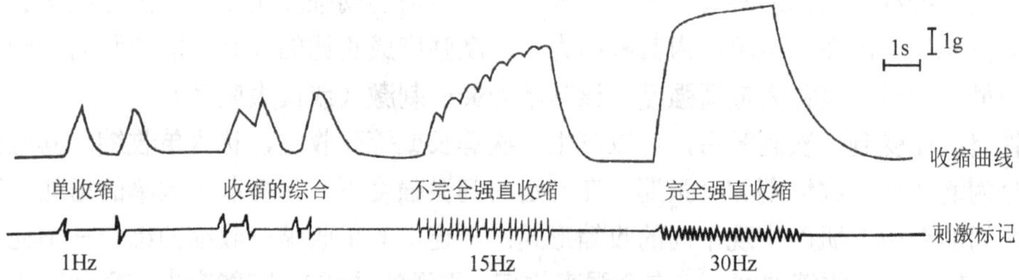

图 4-4 骨骼肌收缩的形式

【注意事项】

1．实验过程中，应随时用任氏液润湿神经和肌肉，防止干燥。

2．注意每组实验间既要有一定的间隔（0.5～1.0min），又要紧凑，避免标本兴奋性过大的变化。可以用多个标本进行本次实验。

3．注意爱护张力传感器，避免液体进入或过度弯曲弹簧片。

【要求与思考题】

1．刺激强度、刺激频率分别对骨骼肌收缩有什么影响？

2．连续电刺激神经，坐骨神经-腓肠肌标本会出现疲劳现象吗？为什么？

【组织建议】本实验也可采用在体坐骨神经-腓肠肌描记法，只是将二者游离而不取出，并与离体标本实验结果相比较。有条件开展虚拟仿真实验的学校，学生可先进行虚拟仿真实验操作，虚拟操作合格后再进行标本制备和实验项目的观察。

（王　讯）

实验 14　反射弧分析与脊髓反射

【目的】通过分析脊动物的屈肌反射，探讨反射弧完整性与反射活动的关系，掌握测定反射时的方法；观察脊髓反射中枢活动的某些基本特征并分析其可能的神经机制。

【原理】反射弧是反射活动的结构基础，一般包括感受器、传入神经、反射中枢、传出神经和效应器 5 个部分。反射弧具有生理完整性是产生反射的必要条件。从受到刺激到做出反应，完成一个反射所需要的时间称为**反射时**。反射时除与刺激强度有关外，还与反射弧在中枢交换神经元的多少及有无中枢抑制存在有关。

较复杂的反射需要中枢神经系统较高级部位参与才能完成。将动物的高位中枢切除，仅保留脊髓的动物称为**脊动物**。此时动物产生的各种反射活动为单纯的**脊髓反射**。脊髓反射活动比较简单，便于观察和分析反射过程的某些特征。

【实验对象】青蛙或蟾蜍等。

【实验用品】蛙类手术器械，铁钩（或蛙嘴夹），鳄鱼夹，铁支柱，培养皿，烧杯，滤纸片（约 1cm×1cm），纱布，丝线，棉球，秒表，电子刺激器，通用电极，硫酸溶液（0.25%、0.5%、1%），氯仿（或 1%可卡因），任氏液等。

【方法步骤】

（一）制备脊蛙

取一只青蛙或蟾蜍，自枕骨大孔插入金属探针，破坏脑（或用铁剪刀由两侧口裂伸入，于枕骨大孔处剪去上方头颅），制成脊蛙。将其俯卧位固定在蛙板上，于右侧大腿背部纵行剪开皮肤，在股二头肌和半膜肌之间的沟内找到坐骨神经干，在神经干下穿一根细线备用。用蛙嘴夹或铁钩将脊蛙悬挂在铁支柱上（图 4-5）。

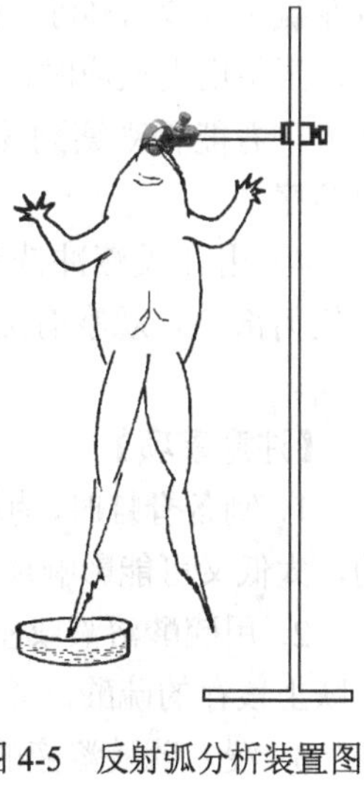
图 4-5　反射弧分析装置图

（二）实验项目

1．脊髓反射的基本特征

1）屈肌反射和对侧伸肌反射：将蛙的一侧后趾趾尖接触培养皿中的 0.5%硫酸溶液，观察受刺激侧和对侧下肢的反应。待出现反应后，迅速用清水清洗被硫酸刺激的后肢并擦干（下同）。

2）搔扒反射：将浸有 1%硫酸溶液的小滤纸片贴在蛙的

下腹部，观察其四肢是否向此处搔扒；动作的准确性如何。待出现反应后，迅速取下滤纸片，并用清水冲洗腹部。

3）反射时的测定：在培养皿内盛适量 0.25%硫酸溶液，将蛙一侧后肢的一个脚趾浸入硫酸溶液中，同时按动秒表开始计时，当屈肌反射一出现立刻停止计时，测定反射时。用上述方法重复 3 次，每次同一脚趾浸入硫酸溶液的深度要一致，相邻两次实验至少间隔 3s。再依次换 0.5%、1%硫酸溶液刺激，比较分析刺激强度与反射时长短的关系。

4）反射作用的抑制：先用鳄鱼夹夹住蛙大腿根部的皮肤，待其不动后，再用 0.5%硫酸溶液刺激后脚趾，重复 3 次求出反射时；与前一项实验比较反射时的长短。

5）反射过程的扩散：用止血钳轻轻夹住蛙左脚趾时，仅有左脚趾动；力量由小到大，观察参与反射的肌肉范围和强度。

6）阈刺激的测定：用单个电脉冲刺激一侧后脚趾背皮肤，固定波宽，由小到大调节刺激强度，测定引起屈肌反射的阈刺激。

7）时间总和：用单个阈下刺激作用于蛙后肢，不产生屈肌反射活动；采用同样的刺激强度，连续多次刺激，观察是否产生屈肌反射活动。

8）空间总和：以同样的强度同时刺激后肢相邻的两处皮肤（距离不超过 0.5cm），观察是否产生屈肌反射活动。

9）后作用：当蛙的后肢受到阈上电刺激后，引起屈肌反射活动，观察当刺激停止后，反射活动是否立即停止；若不便观察，增大刺激强度，看反应又有何变化。

2．反射弧的分析

1）分别将脊蛙左右后肢趾尖浸入培养皿内 1%硫酸溶液中（浸入的深度一致），观察双后肢是否都有反应。

2）在左后肢趾关节之上做一个环形皮肤切口，将切口以下的皮肤全部剥除（趾尖皮肤一定要剥除干净），再用 1%硫酸溶液刺激该趾尖，观察该侧后肢的反应。

3）提起穿在右侧坐骨神经干（此神经包括传出神经和传入神经纤维）下的细线，将蘸有氯仿（或 1%可卡因）的小棉球置于神经干之下，每隔几秒钟，用硫酸刺激一下脚趾，至不出现反应时，立即将浸有 1%硫酸溶液的小滤纸片贴于该后肢同侧躯干部的皮肤上，看能否观察到氯仿（或可卡因）对坐骨神经传入、传出神经纤维麻痹作用的时间顺序。

4）用任氏液冲洗受刺激部皮肤，待反射恢复后以探针捣毁蛙的脊髓，再刺激身体任何部位，观察有无反射出现。比较破坏脊髓之前、中、后四肢的紧张情况，说明原因。

【注意事项】

1．制备脊蛙时，颅脑离断的部位要适当，太高因保留部分脑组织而可能出现自主活动，太低又可能影响反射的产生。

2．用硫酸溶液或浸有硫酸的滤纸片处理蛙的皮肤后，应迅速用自来水清洗，以清除皮肤上残存的硫酸，并用纱布擦干。

3．浸入硫酸溶液的部位应限于一个趾尖，每次浸泡深度也应一致，以保持相同刺激面积（强度）。

4．操作要迅速、简洁，及时记录结果。

【要求与思考题】

1．观察描述脊休克现象及恢复顺序，并说明现象出现的原理。

2．何谓时间总和与空间总和？反射时与刺激强度之间有何关系？

（白华毅　程美玲）

实验 15　蛙心起搏点分析与蛙心收缩的生理特性

【目的】观察蛙心起搏点和各部分的自律性活动情况；了解心肌的某些特性并掌握蛙心收缩的记录方法。

【原理】两栖动物心脏的起搏点是静脉窦。静脉窦的自律性最高，心房次之，心室最低。正常情况下，心脏的活动节律由静脉窦（正常起搏点）的节律支配，房室结、浦肯野纤维是潜在起搏点，被正常起搏点的节律所掩盖。

心肌的有效不应期长，占据整个收缩期和舒张早期，因此给心脏以连续刺激并不能形成强直收缩，这对维持正常的血液循环具有重大意义。在心肌舒张早期以后，正常节律性兴奋到达之前，给心脏施加一个阈上刺激就能引起一次提前出现的心肌收缩，称为**“期前收缩”**或“期外收缩”。期前收缩也有一个较长的不应期，如果下一次正常的窦性节律性兴奋此时传来，就不能引起心肌收缩。因此，期前收缩之后常出现一个较长时间的间歇期，称为**“代偿性间歇”**。另外，心肌还具有“全或无”式收缩特征。

【实验对象】青蛙或蟾蜍等。

【实验用品】生物机能实验系统，张力传感器，双极刺激电极，刺激输出线，蛙类手术器械，铁支架，双凹夹，细线，小烧杯，滴管，纱布，任氏液等。

【方法步骤】

（一）实验准备

取青蛙或蟾蜍一只，破坏脑、脊髓后仰卧固定于蛙板上；提起胸骨剑突下端的皮肤，用手术剪剪开一个小口，然后将剪刀由切口处伸入皮下，沿左、右两侧锁骨方向剪开皮肤。将皮肤掀向头端，再用有齿镊提起胸骨剑突下端的腹肌，在腹肌上剪一小口，将剪刀伸入胸腔（勿伤及心脏和血管），沿皮肤切口方向剪开胸壁，用铁剪刀剪断左右乌喙骨和锁骨，使创口呈一倒三角形。用眼科镊提起心包膜，并用眼科剪小心地剪开，暴露心脏。做蛙心起搏点分析实验。

另取一只蛙，双刺毁后充分暴露心脏。在心室舒张期，用连有细线的蛙心夹夹住心尖部。将蛙心夹上的细线与张力传感器连接好，保持垂直并松紧适度，使心脏搏动信号传入生物机能实验系统输入通道（CH1）。从刺激输出插口引出的双极刺激电极与心室接触良好并固定稳妥（图 4-6）。

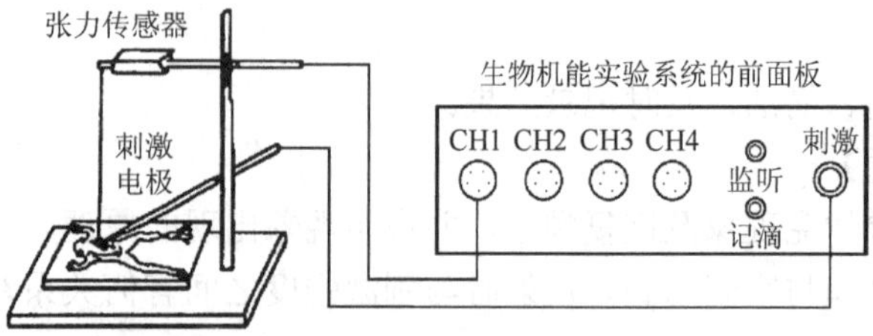

图 4-6　在体蛙心心肌收缩记录装置

（二）实验项目

1．蛙心起搏点的分析

1）观察并熟悉蛙心脏外部结构及名称。从心脏的腹面可看到心房、心室及房室沟。心室右上方动脉根部有一膨大，称动脉圆锥。动脉干由此发出，向上分成左右两支。用玻璃分针将心尖翻向头侧，可见心房下端有节律搏动的静脉窦。在心房与静脉窦之间有一条白色半月形界线，称为窦房沟。

2）蛙心起搏点观察。仔细观察和记录静脉窦、心房及心室收缩的频率、顺序和相互关系。在主动脉干下方穿一根细线，将心脏翻向头端，沿窦房沟做一结扎，称为斯氏第一结扎。观察心肌各部分搏动节律的变化，待心房和心室恢复搏动后，用秒表计数其搏动频率。然后在房室交界处穿线，准确地结扎房室沟，此称为斯氏第二结扎。待心室恢复搏动后，计数并记录每分钟心脏各部分搏动次数。

2．蛙心收缩的记录和心肌生理特性

1）描记正常心搏曲线。打开计算机，启动生物机能实验系统，选择实验项目“期前收缩与代偿间歇”。曲线向上表示心室收缩，向下表示舒张。

描记的心搏曲线可出现 a、b、c 3 个波峰（图 4-7），但有时波峰减少，只出现 1～2 个，主要与蛙心夹连线的紧张度、心肌的收缩力、张力传感器的灵敏度及心搏曲线的放大倍数有关。

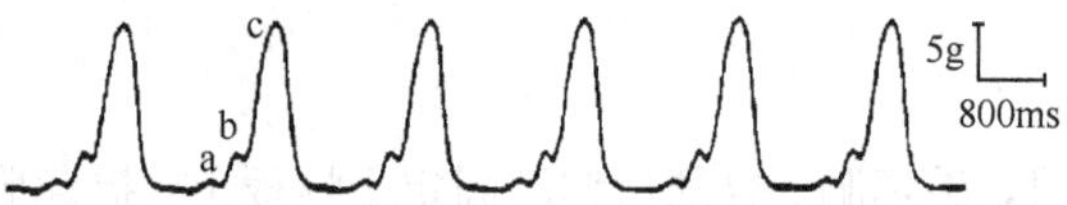

图 4-7　蟾蜍的正常心搏曲线

2）用中等强度的单个阈上刺激分别在心室收缩期和舒张早、中、晚期刺激心室，连续记录心搏曲线，观察是否引起期前收缩、代偿间歇（图 4-8）。

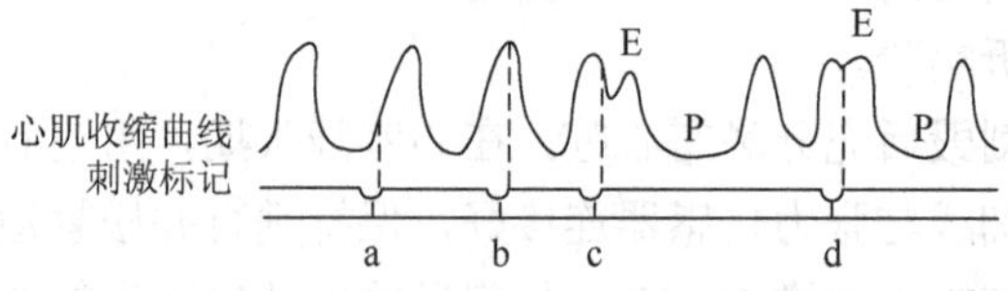

图 4-8　期前收缩与代偿间歇

E．期前收缩；P．代偿间歇。a、b．刺激落在有效不应期；c、d．刺激落在相对不应期

3）给心室肌以连续刺激，观察心脏是否会出现强直收缩。

4）心肌的“全或无”式反应：用细线在静脉窦与心房之间做一结扎，心脏即停止跳动。然后给予阈下刺激及不同强度的阈上刺激，观察蛙心收缩强度的变化。两次刺激间隔时间不少于15s。

【注意事项】

1．结扎部位要准确，不可扎住静脉窦。

2．由于蛙的心尖部肌肉比较厚，在记录心搏曲线时应注意用蛙心夹夹住少量心尖部肌肉，既要夹住心脏，又要尽量少妨碍心脏的收缩活动；不要用力牵拉蛙心夹连线，防止将心室壁夹破。

3．经常给心脏滴加任氏液，防止心脏表面干燥。

4．每一次刺激产生效应后，一定要让心搏曲线恢复正常（约1min）并描记一段正常对照曲线后，再施加下一刺激，避免短时间内重复多次地施加刺激。

5．张力传感器与蛙心夹之间的细线应保持适宜的紧张度，张力过大或过小都会影响收缩曲线的幅度。

【要求与思考题】

1．斯氏第一结扎和第二结扎后，房室搏动频率各有何不同？实验结果表明了什么？

2．剪贴记录曲线，做好标记，并对其进行分析讨论。

3．分析期前收缩与代偿间歇现象产生的原理。在什么情况下，期前收缩之后可以不出现代偿间歇？

4．无论用何种刺激方式刺激心室肌，心脏都不会出现强直收缩，为什么？

【组织建议】可以同时描记蛙的心电图，了解心脏的电变化与机械收缩活动的对应关系。水产养殖专业的学生也可改做鱼类心室的额外收缩和代偿间歇，方法类似。

（白华毅　程美玲）

实验16　离体蛙心灌流

【目的】掌握离体蛙心的解剖技术和灌流方法；观察Na^+、K^+、Ca^{2+}、酸、碱、肾上腺素、乙酰胆碱、温度等因素对心脏活动的影响。

【原理】维持心脏收缩的正常节律性和强度需要一个适宜的内环境，内环境条件稍有变化则直接影响心脏的正常活动。蛙类心脏标本存活期长，所需条件简单，故常被选用。

【实验对象】蟾蜍或青蛙等。

【实验用品】生物机能实验系统，张力传感器，蛙类手术器械，蛙心套管，试管夹，长滴管，试剂瓶，烧杯，双凹夹，万能支架，细线，任氏液，0.65% NaCl，2% $CaCl_2$，1% KCl，3%乳酸，2.5% $NaHCO_3$，0.01%肾上腺素，0.01%乙酰胆碱等。

【方法步骤】

（一）制备离体蛙心标本（斯氏蛙心套管法）

取一只青蛙或蟾蜍，破坏脑、脊髓后仰卧固定于蛙板上，打开胸腔，暴露心脏。识别心房、心室、动脉圆锥、主动脉和静脉窦等结构（图 4-9）。

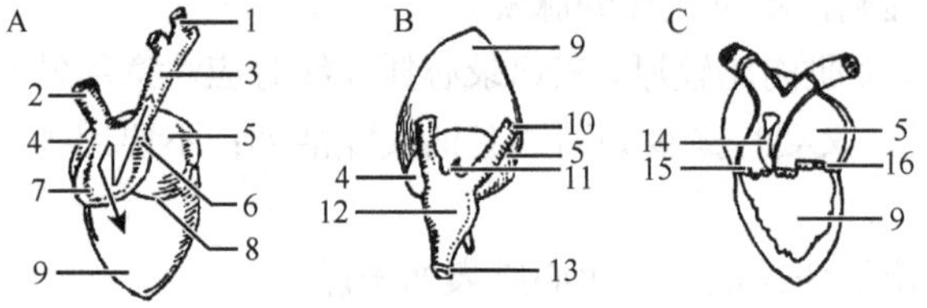

图 4-9　蛙心外形及插管方向

A. 胸面（示剪口位置，箭头示插管路径）；B. 背面；C. 纵剖面（示螺旋瓣）。

1. 大动脉；2. 动脉右支；3. 动脉左支；4. 右心房；5. 左心房；6. 主动脉干；7. 主动脉球；8. 房室沟；9. 心室；10. 前腔静脉；11. 肺静脉；12. 静脉窦；13. 后腔静脉；14. 螺旋瓣；15. 半月瓣；16. 三尖瓣

在主动脉干下方穿 3 根线，一根向后拉，在静脉窦外侧结扎前、后腔静脉；另一根在主动脉球上方打一活结备用(用以结扎和固定蛙心套管)；第三根在左主动脉上端结扎，做插管时牵引用。左手提起左主动脉上方的结扎线，右手持眼科剪在左主动脉根部（动脉球前端，具体位置需比一下套管尖端长度）沿向心方向剪一斜口，将盛有少许任氏液、大小适宜的蛙心套管由此开口处轻轻插入动脉球。当套管尖端到达动脉球基部时，应将套管稍向后退（因主动脉内有螺旋瓣会阻碍套管前进），并将套管尾端稍向右主动脉方向及腹侧面倾斜，使套管尖端向主动脉球的背部后方及心尖方向推进，在心室收缩时经主动脉瓣将套管尖端送入心室（图 4-9A）。若套管中任氏液液面随心室的收缩而上下波动，则表明套管尖端进入心室，可将主动脉球上已准备好的松结扎紧，余线固定于套管侧面的小钩上，以免蛙心套管滑出心室。剪断结扎线上方的血管，轻轻提起套管和心脏，剪断与心脏相连的血管和其他组织，得到离体蛙心标本。用任氏液反复换洗套管内液，直到套管中无残留血液为止，保持液面高度为 1.5～2.0cm。建议把静脉窦外结扎线也系在套管侧面小钩上。

视频 7　蛙心灌流标本制备

按图 4-10 将蛙心套管固定于支架上，在心室舒张时将连有一细线的蛙心夹夹住心尖，并将细线以适宜的紧张度通过滑轮与张力传感器相连。张力传感器接入生物机能实验系统。

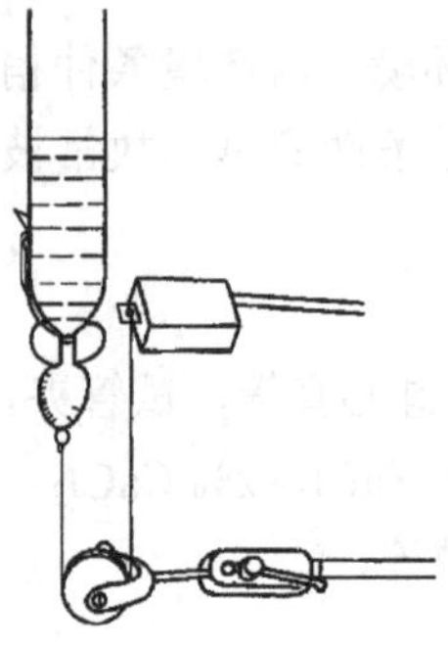

图 4-10　蛙心灌流装置

（二）实验项目

1. 记录正常心搏曲线　分析、解读其疏密、规律性、幅度、顶点及基线的含义。

2. Na^+的作用　用长滴管吸出套管中的任氏液后，换以等量的 0.65% NaCl 溶液，记录并观察心搏曲线变化。有变化出现时，应立即将套管内液体吸出，并以等量任氏液换洗 2～3 次，至心搏曲线恢复正常（以下各项均如此）。

一个完整的实验项目应包括刺激前的基础对照、给予刺激及引起的变化（有时不发生变化，则观察一小段时间）、撤除刺激后恢复情况（也是后对照）及各自的标记几部分（图 4-11）。结果整理时尽量连续剪贴在一个图形里。

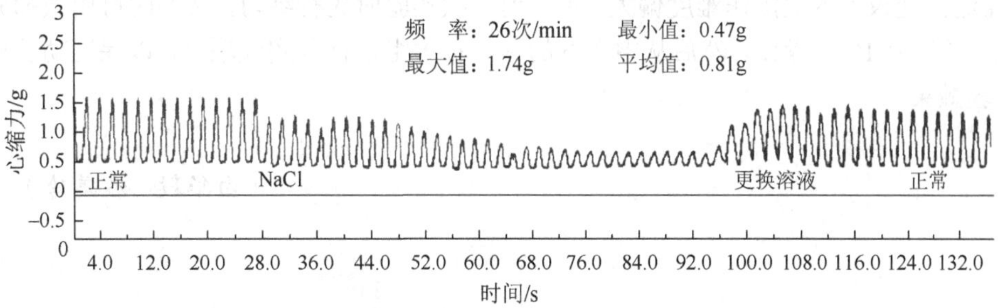

图 4-11　一个完整的实验项目（以 NaCl 影响心缩为例）

3．Ca^{2+}的作用　将 1～2 滴 2% $CaCl_2$ 溶液加入灌流液中，轻轻混匀，观察心搏曲线变化。

4．K^{+}的作用　将 1～2 滴 1% KCl 溶液加入灌流液中，观察心搏曲线变化。

5．温度的作用　将套管内的灌流液吸出，加入 4℃任氏液，观察心搏曲线变化；换入 37℃的任氏液，观察心搏曲线如何变化。本项也可改以冰块、试管盛 40℃热水接触静脉窦，效果更明显。

6．碱的作用　将 1～2 滴 2.5% $NaHCO_3$ 溶液加入灌流液中，观察心搏曲线变化。

7．酸的作用　将 1 滴 3%乳酸加入灌流液中，观察心搏曲线变化；有变化出现时立即以等量 2.5% $NaHCO_3$ 溶液中和，观察心搏能否恢复正常。

8．肾上腺素的作用　将 1 滴 0.01%肾上腺素加入灌流液中，观察心搏曲线变化，并与 $CaCl_2$ 的影响进行比较。

9．乙酰胆碱的作用　将 1 滴 0.01%乙酰胆碱加入灌流液中，观察心搏曲线变化。有变化出现时，立即以任氏液换洗数次，观察心搏曲线能否恢复正常。

【注意事项】

1．制备离体蛙心标本时，勿伤及静脉窦；蛙心夹应在心舒期一次性夹住心尖，避免因夹伤心脏而导致漏液。谨防灌流液进入张力传感器内而损坏电子元件。

2．标本制备好后，若心脏功能状态不好（不搏动），可向套管内滴加 1～2 滴 2.5% $NaHCO_3$、2% $CaCl_2$ 或 0.01%肾上腺素，以促进心脏搏动。实验过程中随时滴加任氏液于心脏表面，保持其湿润状态。可根据情况适当调整实验项目的先后顺序。

3．实验过程中，套管内灌流液液面高度应保持恒定；仪器的各种参数一经调好，应不再变动。

4．各种滴管不可混用。给药后注意混匀，若效果不明显，可再适量滴加，并密切注意药物剂量添加后的实验结果；尤其是 KCl、乳酸、乙酰胆碱稍有过量，即可导致难以恢复的心脏停搏。

【要求与思考题】

1．剪贴记录曲线，并对实验结果进行分析讨论。

2．根据心肌生理特性，分析 Na^+、K^+、Ca^{2+}、酸、碱、肾上腺素、乙酰胆碱、温度等因素对心脏活动的影响及其机制。

3．临床上静脉注射钙剂、钾盐时为什么必须缓慢滴注？

【组织建议】本次操作难度偏大，可在前一次实验时先行练习，必要时可由教师先做示范，学生分 10 组操作，然后从中选好的标本按大组进行各实验项目，以保证动手机会和实验效果。

（白华毅　程美玲）

第五章

水生动物生理实验

本章实验以水生动物为对象，涉及血液循环、呼吸、消化、能量代谢、泌尿与渗透压调节、内分泌和生殖等内容。学习器官恒压灌流、呼吸运动描记、耗氧率与氨氮排泄率的测定、渗透压测定以及手术摘除垂体等实验方法，了解相关机能活动的特点及其影响因素，进一步理解神经和体液因素对相关机能活动的调节作用。

实验 17　蟾蜍内脏血管灌流

【目的】 学习器官恒压灌流法；观察交感神经和去甲肾上腺素（NE）对内脏血管的作用。

【原理】 器官灌流为常用的实验方法，广泛用于研究体液因素和药物对器官的直接作用。该方法还可以用于蛙后肢血管灌流、心肺制备、兔脑灌流、兔耳灌流等实验。

【实验对象】 蟾蜍。

【实验用品】 恒压灌流装置 1 套，蛙类手术器械，细塑料管，电子刺激器和保护电极，秒表，1mL 注射器和针头，任氏液，0.01%去甲肾上腺素等。

【方法步骤】

（一）组装恒压灌流装置

具体装置参见图 5-1。

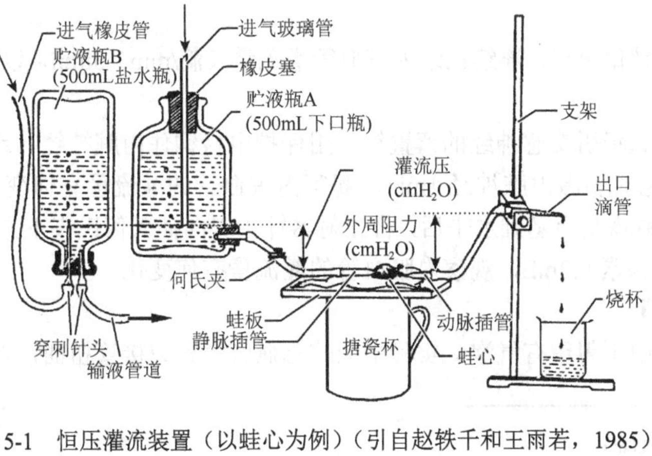

图 5-1　恒压灌流装置（以蛙心为例）（引自赵铁千和王雨若，1985）

用一个 500mL 下口瓶作贮液瓶（也可用倒置的盐水瓶代替，图 5-1 中贮液瓶 B），内盛任氏液约 400mL，瓶口橡皮塞中心插入的进气玻璃管下口距瓶底约 1cm。进气管下口水平面与动脉插管口水平面的垂直距离，即灌流压的高度（厘米水柱，cmH_2O[①]），它不受瓶中液面变化的影响。贮液瓶下口用橡皮管连接作动脉插管的细塑料管。接管中可串接一个计滴用的莫非氏（Muiphy）滴管（图中未绘出），并在其上方的接管上夹一个调节流量用的何氏夹。在管道中充满灌流液，驱净气泡。调整贮液瓶高度，使灌流压为 $30cmH_2O$ 左右。调节何氏夹的螺丝，使灌流液流量为 20 滴/min 左右。然后将接管下段夹闭。

（二）制备蟾蜍内脏血管灌流标本

损毁蟾蜍的脑和脊髓，背位固定于蛙板上。在腹部做一正中切口，用棉球将腹内脏器推向一侧。小心地剪开背侧的腹膜，可见由两支主动脉弓汇合而成的背主动脉，汇合后的第一分支为粗而短的腹腔系膜动脉，其分支分布于胃、肠、肝、胆、脾、胰等腹腔内脏。在背主动脉下方，穿细线备用。再找到汇入静脉窦的后腔静脉和前腹壁内面的腹静脉，也分别在其下方穿线备结扎之用。

在脊柱近旁两侧，找到由交感神经节组成的交感干，从第三对至第五对交感神经节发出的分支组成内脏神经，与腹腔系膜动脉伴行，支配胃、肠、肝、胆、脾，胰、肾等腹腔内脏。在内脏神经（或交感干）下方穿一细线备用。

参照图 5-1 的心脏恒压灌流装置，制备内脏血管灌流标本。用留置线将两支主动脉弓一起结扎。在结扎远心端的一支主动脉弓上剪一斜口，将充满灌流液的细塑料管插入，直至背主动脉发出腹腔系膜动脉处的近端，用留置线结扎固定好动脉插管，再将背主动脉的远端（在发出肾动脉分支前）结扎。打开管夹，使灌流液经腹腔系膜动脉流向腹腔内脏。

将后腔静脉汇入静脉窦处用留置线结扎，在结扎远心端的后腔静脉上剪口插好另一根细塑料管。后腔静脉的远端（在肝静脉汇入处以远），以及来自后肢的腹静脉，也都用线加以结扎。这样，由静脉插管流出的即经腹腔内脏的灌流液。

（三）实验项目

1）待灌流量稳定后，连续记录内脏血管灌流量（滴/min）3min，以此基础流量作为对照。

2）轻轻提起牵引交感神经的留置线，用保护电极钩住内脏神经（或交感干）。用中等强度的方波电流刺激内脏神经 1min，观察内脏血管的灌流量有何变化。

3）待灌流量恢复至基础水平后，将注射器针头斜向插入何氏夹下方的橡皮管，注入 0.01%去甲肾上腺素 0.2mL，观察内脏血管的灌流量有何变化。

【注意事项】

1．灌流管中不得留有气泡。实验中应防止血管插管或接管扭曲，保持管道畅通。

---

① $1cmH_2O \approx 98.066Pa$

2．灌流开始时应先将内脏血管中的积血冲洗干净，待流出液澄净而无血色时，方可开始各项实验。

3．由莫非氏滴管数得的灌流量，应同灌注系统出口流量相等，如两者相差较大，可能发生了灌流液在组织间隙潴留，应调整灌流压和灌注液流量。

【要求与思考题】整理观察结果，归纳交感神经及其递质对内脏血管活动的作用。

（马恒东）

实验 18 鱼类呼吸运动的描记及其影响因素

【目的】学习鱼类呼吸运动的描记方法；了解鱼类呼吸运动的特点及其影响因素。

【原理】鱼类通过鳃盖的张合，推动水流经鳃部进行气体交换。为了气体交换过程能正常进行，鳃有节律地、不断地从外界更新水流。通常每隔数次呼吸运动便出现一次洗涤运动，以清除口腔、鳃瓣的污物，保证气体交换顺利进行。呼吸频率与水环境的情况密切相关。利用张力传感器可把鳃盖的机械运动转变为电信号，通过生物机能实验系统记录下来。

【实验对象】鲤鱼或草鱼。

【实验用品】5000mL 容量水族箱，生物机能实验系统，张力传感器，CO_2气袋或 CO_2发生器，O_2气袋或 O_2发生器，铁支柱，双凹夹，螺旋止水夹，金属小钩，温度计，眼科镊，2mg/L 硫酸铜溶液，乳酸溶液（pH4～5），$NaHCO_3$溶液（pH10）等。

【方法步骤】

（一）仪器连接

1）取一条鱼，将金属小钩钩在鱼鳃上放入水族箱中并固定。

2）调试好生物机能实验系统，将金属小钩连线与张力传感器相连（图 5-2）。

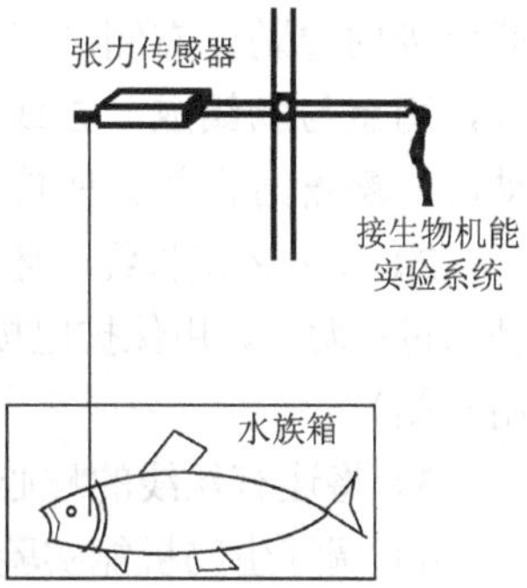

图 5-2 鱼呼吸运动描记装置

（二）实验项目

1）观察正常情况下鱼呼吸和鳃洗涤运动曲线。

2）向水族箱中通入 CO_2或 O_2，5～10min 后观察鱼呼吸和鳃洗涤运动有何变化，思考为什么。

3）向水族箱加入 pH4～5 的乳酸溶液或 pH10 的 $NaHCO_3$溶液，观察呼吸运动有何变化，思考为什么。待现象明显后换去此液，加清水洗涤，下同。

4）向水族箱中加入 2mg/L 硫酸铜溶液，观察鱼呼吸和鳃洗涤运动有何变化，思考为什么。

5）向水族箱中加入 40℃温水，观察鱼呼吸和鳃洗涤运动有何变化，思考为什么。

【注意事项】

1．应待鱼体安静后，才进行实验。

2．放置鱼固定器时，不得影响鱼正常呼吸活动。

3．换取溶液时应暂停实验项目描记。

【要求与思考题】鱼类洗涤频率有何生理意义？估计其他可能影响鱼类洗涤频率的因素。

（黎德兵）

实验 19 迷走神经对鱼胃运动的影响

【目的】了解用急性在体方法研究迷走神经对胃运动的调节；了解自主神经及其支配的效应器的一些机能特点。

【原理】胃的机能受自主神经的调节，刺激迷走神经可以改变其机能。

【实验对象】乌鳢或胡子鲶。

【实验用品】生物机能实验系统，张力传感器，保护电极，蛙类手术器械一套，鱼用代体液等。

【方法步骤】

（一）手术准备

1）暴露胃部。左手握住乌鳢，右手持探针在颅骨稍下处划断脊髓，或用铁剪刀剪断此处的脊髓。右侧卧（左侧朝上）将乌鳢固定在蛙板上。从泄殖孔起沿中线剪开腹部，剪至与胸鳍成一直线；从泄殖孔起右斜向剪至胸鳍，剪去这块三角形的肌肉。拨动肝，暴露出胃部。使胃与周围组织游离，勿游离分布在胃表面的迷走神经。

2）分离迷走神经。迷走神经大约在胸鳍底进入食道、走向胃。找出迷走神经，在其基部进行游离，用保护电极钩住神经干，电极与刺激器输出相连（若不小心弄断一侧，可用对侧）。

3）将连有丝线的蛙心夹夹住胃的末端，蛙心夹的连线与张力传感器弹簧片相连。

4）调好生物机能实验系统、刺激器各种参数。启动仪器开始记录。

（二）实验项目

1）记录胃自发收缩 3～5min（也可能无明显自发收缩），进行下述项目。

2）刺激强度调至 5V，单刺激迷走神经 1～2 次，观察能否引起胃收缩。

3）刺激强度不变，频率为 50Hz 分别连续刺激迷走神经 2s、5s、10s，观察收缩曲线幅度分别有何变化。

4）刺激强度不变，刺激时间为 10s，频率为 10Hz、30Hz、50Hz，分别连续刺激迷走神经，比较胃收缩曲线幅度各有何变化。

5）调低强度刺激，观察胃收缩曲线有何变化。

【注意事项】

1．经常用代体液湿润鱼神经和胃，用自来水湿润鱼鳃和体表。

2．每次刺激后，应间隔 2min 再进行下次刺激。

【要求与思考题】将以上结果与腓肠肌标本收缩曲线（实验 13）相比较，说明什么？

（黎德兵）

实验 20　鱼类耗氧率和氨氮排泄率的测定

【目的】学习测定鱼类耗氧率的方法；掌握水生动物氨氮排泄率的测定方法。

【原理】鱼体通过生物氧化过程产生能量，所以机体的能量代谢与它们的耗氧成正比，采用流水式装置，通过测定呼吸室进、出口水的溶解氧和水流量，可以计算出实验鱼的耗氧率。鱼为变温动物，在一定温度范围内，耗氧率随水温的升高而增大。

水生动物在进行能量代谢时，消耗体内的蛋白质，大部分产物以氨氮形式排入水中，测定一定时间内水中氨氮含量的变化即氨氮排泄率。氨氮量的测定依据游离态的氨或铵离子与纳氏试剂反应生成黄棕色络合物。其色度与氨氮含量成正比，可用分光光度计测定。

【实验对象】鲫鱼或其他水生动物。

【实验用品】溶解氧测定仪（OX-10 型），具塞水样瓶（150mL），流水式测氧装置，恒温水槽，分光光度仪，移液管，0.35%硫代硫酸钠溶液，25% NaOH 溶液，纳氏试剂，50%酒石酸钾钠溶液，NH_4Cl 标准溶液（吸取 1.00mL 氯化铵标准贮备液于 1000mL 容量瓶中，用水稀释至标线，此溶液 1.00mL 含 0.010mg 氨态氮）等。

【方法步骤】

1．鱼类耗氧率测定

1）水样瓶容积的校准。水样瓶洗净晒干之后，在室温下称重（精确到 0.1g），然后加满蒸馏水，记下水温，盖紧瓶盖（注意不应留有气泡），擦干外壁再称重，两次重量之差除以该温度下水的密度即水样瓶的容积。

2）组装流水式呼吸实验装置（图 5-3）。容器 A 盛放去氯曝气的自来水作为水源，容器 B（10L 放水瓶）为呼吸前贮水瓶，C 为实验鱼的呼吸管（直径 5cm），B 和 C 浸在恒温水槽中。

打开管 C 一端的橡皮塞，将一条大小适中的鱼放入玻璃管中，鱼头位于入水管的一端，套上橡皮塞。用螺旋止水夹调节水流速度为 100～200mL/min。实验前使鱼体保持安静状态半小时以上。

3）测定水流速度。采水样前用 100mL 量筒在采水管出水口测量水流速度，采水样后复测一次，取平均值，得流速 v（mL/h）。

4）采水样。用预先编号的水样瓶在采水管出口处取两瓶水样，方法是将水管插到水样瓶底部，先注入少量水将瓶子冲洗两次，然后慢慢注入水，当水装到水样瓶容积的 1/3 左右时，抽出采水管，加瓶塞，注意不应留有气泡，此为终点水样。用虹吸法从呼吸前贮水瓶中采取一瓶水样作为对照，即起始水样。

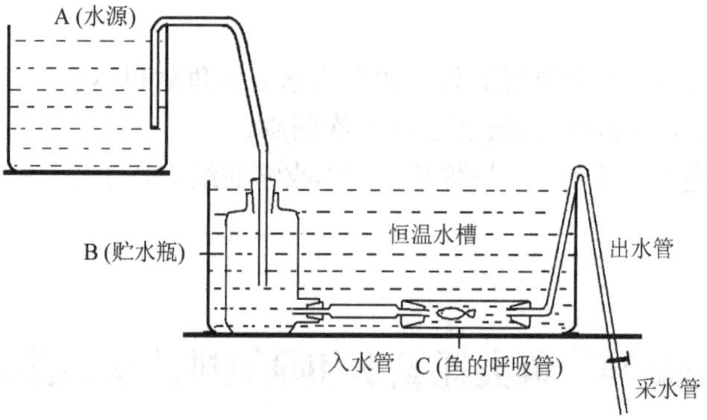

图 5-3 流水式呼吸实验装置

5）用溶解氧测定仪测定水样的溶解氧。

6）调节恒温水槽的水温，从室温开始，每隔 2℃由步骤 3）重复实验，直至实验鱼生活水温的上限。

7）实验结束，用滤纸吸干实验鱼体表的水分，称湿体重（*W*）。

8）计算耗氧率。两次终点水样溶解氧含量的平均值（$Q_{终}$）与起始水样溶解氧含量（$Q_{始}$）之差，乘以水流速度（*v*），再除以体重（*W*），即实验鱼的耗氧率 *R*［mL O_2/（g·h）］。

$$R=（Q_{始}-Q_{终}）\times v/W$$

2．氨氮排泄率测定

1）安装呼吸室（图 5-4）。

2）测定实验开始时水中氨氮值（初氨氮量）及结束时水中氨氮值（末氨氮量），同时记录实验时间。

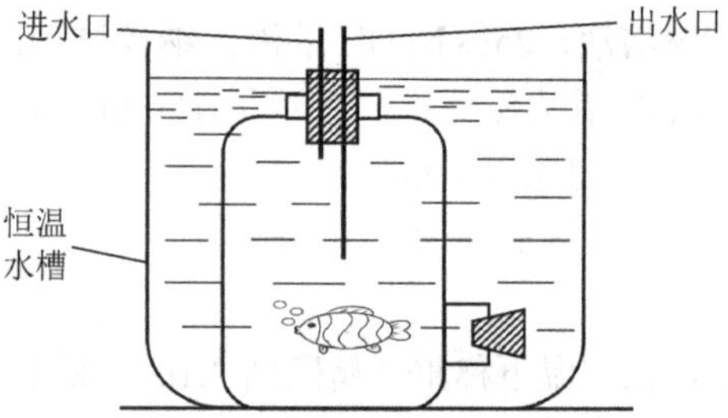

图 5-4 静水密闭法装置

3）取清洁水样或预处理后的澄清水样 50mL 于比色管中，加入 50%酒石酸钾钠溶液 1.0mL，混合均匀，再加入纳氏试剂 1.0mL 摇匀，放置 10min 后比色。

4）在一组 50mL 比色管中分别加入 NH_4Cl 标准溶液 0mL、0.50mL、1.00mL、2.00mL、3.00mL、5.00mL、7.00mL、10.00mL，加水至标线，按上述步骤显色。用 10mm 比色杯，在波长 420nm 处以水为参比，测定水样及标准系列的吸光度。同时以 50mL 水代替水样按与水样完全相同的操作步骤（包括预处理）进行空白试验，并测定其吸光度。

5）绘制标准曲线：标准系列所测得的吸光度值减去试剂空白（零浓度）的吸光度值，绘制吸光度对氨氮含量（μg）的标准曲线。

6）结果计算：用下式计算氨氮排泄率（CN）。

$$CN（mg/L）=m/V$$

式中，*m* 为标准曲线查得的水样氨氮含量（μg）；*V* 为水体体积（mL）。

【注意事项】

1．保持贮水瓶 B 水位的恒定，以保持水流速度的均匀。水的流速应适中，太快使结果不明显，太慢则影响鱼的呼吸。

2. 整个实验过程应使实验鱼保持安静状态，以免鱼的运动、紧张等因素影响实验结果。

3. 氨氮排泄率实验操作应在无氨的环境中进行。

4. 氨氮含量大于 2mg/L 时，水样应先稀释再进行测定。

【要求与思考题】

1. 静水式和流水式测定耗氧率各有何优缺点？

2. 如何通过氨氮排泄率研究水生动物蛋白质代谢和氮收支？

（刘少贞）

实验 21　鱼类肾小管的主动转运

【目的】了解鱼类肾小管主动转运的特点；掌握观察肾小管主动转运的实验方法。

【原理】物质进入细胞或通过膜的方式之一是主动转运，指细胞通过消耗能量使物质从低浓度部位向高浓度部位移动（即逆浓度梯度）。本实验采用简单的显微镜观察方法，以染色剂通过肾小管细胞，使肾小管内的颜色比周围环境的颜色深，从而证明染色剂被肾小管细胞主动转运。

脊椎动物肾小管只能在近球小管显示染色剂的主动运输。鲤鱼、鲫鱼的肾小管，其中约 10%的长度为近球小管，能够运输酚红；而海水鱼类的肾小管主要由近球小管组成，因此最适宜选用海水鱼类进行该实验。

【实验对象】淡水的鲤鱼、鲫鱼和海水的比目鱼。

【实验用品】解剖剪，解剖刀，解剖针，解剖盘，显微镜，滴管，凹玻片，培养皿，试剂（具体见实验项目）等。

【方法步骤】

1. 肾小管碎片的制备　切断脊椎将鱼处死，打开腹腔，迅速取出肾，放在盛有生理盐溶液的培养皿内。生理盐溶液需预先充气和预冷（放在冰箱内或放在冰块上）。用解剖剪将肾剪成小片，再用解剖针将肾小片撕成宽度小于 1mm 的碎片。

将少量肾小管碎片（2～3 片）放在凹玻片的凹穴内，上面用盖玻片压住。按同样方法做成 5 份，在每块玻片上编号。

2. 观察肾小管对染色剂的运输　分别取 2～3 滴下列溶液置于相应编号凹玻片的凹穴内，并记录加入溶液的时间。

（1）生理盐溶液　NaCl 5.8g（淡水鱼）或 7.8g（海水鱼）、KCl 0.19g、$CaCl_2 \cdot 2H_2O$ 0.22g、$MgCl_2 \cdot 6H_2O$ 0.20g、$NaHCO_3$ 1.26g、$NaH_2PO_4 \cdot H_2O$ 0.07g，用蒸馏水定容到 1000mL。

（2）基本吸收介质　在生理盐溶液中，每 100mL 加入 2.5mg 氯苯酚红。

（3）低浓度的吸收介质　在生理盐溶液中，每 100mL 加入 1.0mg 氯苯酚红。

（4）缺钙的介质　配制基本吸收介质时不加 $CaCl_2 \cdot 2H_2O$。

（5）缺钾的介质　配制基本吸收介质时不加 KCl。

注意防止凹玻片上的水分蒸发，这样可维持肾小管碎片组织存活数小时。分别隔5min、10min、20min、30min、45min、60min进行显微镜观察，检查肾小管碎片对染色剂的吸收情况。通常在5min开始有染色剂积累，30～60min达到吸收高峰。持续观察60min后停止实验。

3．结果记录 将实验结果记录到表5-1中。

表5-1 鱼类肾小管摄取染色剂观察记录表

实验试剂	实验开始后的时间/min					
	5	10	20	30	45	60
生理盐溶液						
基本吸收介质						
低浓度的吸收介质						
缺钙的介质						
缺钾的介质						

注：用“＋”号的多少表示染色剂在肾小管内积累的情况，＋表示最少，＋＋＋＋表示最多

【注意事项】鱼在实验前2～3d不投喂，通常能较好地显示染色剂的主动转运。

【要求与思考题】根据列表所示实验现象，讨论鱼类肾小管是如何实现主动转运的。

（黎德兵）

实验22 鱼类渗透压调节

【目的】掌握测定鱼类渗透压的原理和方法；了解在不同环境下鱼类渗透压的变化。

【原理】广盐性鱼类能适应于不同盐度的环境，调节自身的渗透压。通过测定不同环境中鱼血液及尿液渗透压的变化，可了解鱼类如何进行渗透压调节。

本实验采用冰点降低法。当某种物质溶于水或其他溶剂时，随着溶液的渗透压升高，汽化压降低，沸点升高而冰点（Δ）下降。1mol的电解质能使1kg水的冰点下降1.86℃，所以，摩尔渗透浓度$C=\Delta/1.86$，对于理想溶液，渗透压$\pi=CRT$。其中，T为绝对温度，R为气体常数（取0.082）。通过测定冰点下降度数便可求溶液的渗透压。还可用硫酸铜标准比重液来测定全血比重，反映血液的浓缩和脱水状态。

【实验对象】分别驯养在淡水、25%人工海水、50%人工海水、75%人工海水和100%人工海水的罗非鱼。驯养时间为24h，人工海水的盐度为25‰。

【实验用品】冰点测定装置1套，抽血器，塑料细管，100mL容量瓶，聚乙烯冷却器，搅拌器，冰点温度计，试管架，试管，MS-222麻醉剂，肝素等。

【方法步骤】

1）采血。用1∶45 000～1∶10 000的MS-222浸泡鱼体将鱼麻醉，从尾部血管取出4～5mL血液。

2）收集尿液。用一支塑料细管从泄殖孔插到膀胱内，把尿液抽到管中。

3）测定样品的冰点。用冰点测定装置（如图 5-5 所示）测定样品冰点，在一个盛有碎冰和岩盐混合物（约 2∶1）的聚乙烯冷却器中，插入两支套在一起的试管，内试管装待测样品，冰点温度计插入样品中。此外，还有两个拌搅器，样品中搅拌器由不锈钢制成，冰盐混合液中的搅拌器可用电镀金属线或杆条制作，温度计最好使用－5～1℃的量程，也可用－5～5℃范围的。

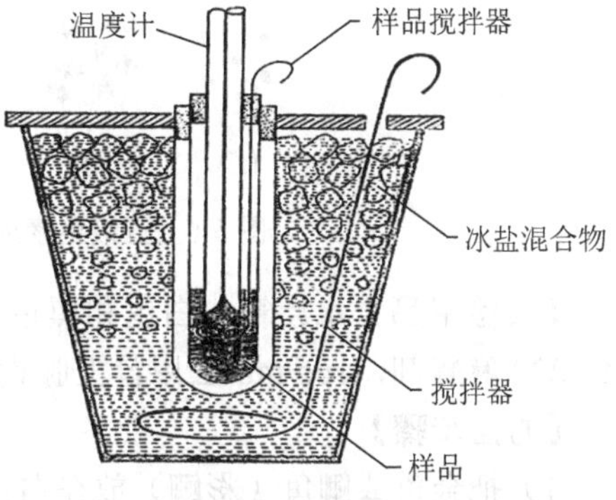

图 5-5　冰点测定装置（引自桂远明，2004）

首先，用蒸馏水校准温度计。在小试管内放入约 5mL 的蒸馏水（刚淹过温度计水银球即可），慢慢摇动使温度到达－1.5℃左右。插入先在干冰中冷却过的搅拌器诱导结冰（如果没有干冰，则需用力搅动或放入冰块来诱导结冰），用力搅动 20min，停止搅动使温度回升并稳定，这个过程需要 2～4min。记录稳定时的温度。再把样品溶解，重复上述过程，直到两次测定的结果相近，这个温度便是正确的零点。

按上述方法，分别测定不同鱼的血液、尿液，以及它们的水环境样品的冰点（为了节省时间，样品可先放在冰上冷却）。然后，按下列公式计算渗透压。

$$\pi = CRT = \Delta/1.86 \times 0.082 \times T$$

或式 $T = 273 + t$（℃），t 为实验时的温度。

【要求与思考题】简述水生动物渗透压调节机制。

（刘少贞）

实验 23　鱼类的体色反应

【目的】了解鱼类体色变化的原理；掌握区别 5 个等级的色素细胞指数；观察多种激素和药物对体色的影响及其研究方法。

【原理】鱼类体色的生理变化是由于色素细胞内色素颗粒的移动，如果色素颗粒移到细胞周围，鱼体体色变深；如果色素颗粒集中，体色变淡（白）。不同色素颗粒显示出不同的颜色：黑色素显示黑色，类胡萝卜素显示红色或黄色，蝶呤显示黄色，鸟嘌呤显示白色。色素细胞有单色的，即只有一种类型的色素颗粒；有多色的，是不同的色素颗粒组成的合胞体。

色素颗粒移动受神经和激素的调节，交感神经末梢和肾上腺髓质分泌的去甲肾上腺素能使黑色素集中，体色变淡，副交感神经末梢释放的乙酰胆碱和垂体分泌的促黑激素使色素散布，松果体分泌的褪黑素使黑色素聚集；眼和松果体是光感受器，能把外界环境的信息传送到神经或内分泌系统，以调控鱼体色的变化。

色素颗粒扩散的程度可以采用图 5-6 所示的五级色素细胞指数来表示。

【实验对象】金鱼或鲫鱼（彩鲫）。

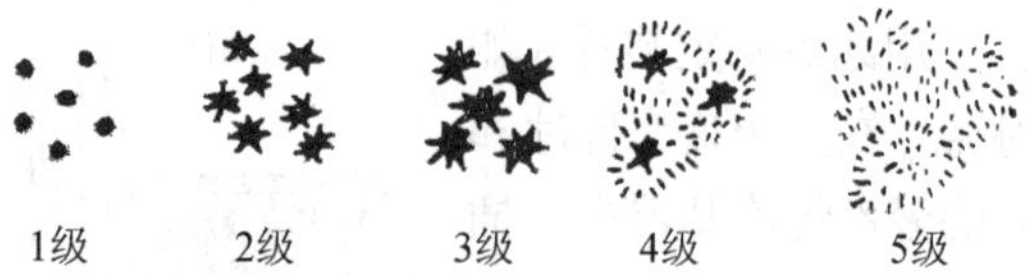

图 5-6　五级色素细胞指数（引自林浩然，1988）

【实验用品】水族箱，白色和黑色背景，毛巾，镊子，解剖镜或显微镜，载玻片，MS-222 麻醉剂，1μg/mL 去甲肾上腺素，1μg/mL 乙酰胆碱，生理盐水等。

【方法步骤】

1）把金鱼或鲫鱼（彩鲫）放在白色背景中，记录体色。

2）把鱼迅速移至黑色背景中，记录体色。

3）再把鱼放回到白色背景中，记录体色。用 0.1%（*m/V*）的 MS-222 溶液轻度麻醉鱼。用小镊子取下一片鳞片置于载玻片上，加上一滴水，在解剖镜或显微镜下观察色素细胞，记录色素颗粒的情况。

4）制备 3 片载有同样鳞片的玻片，取其中两片分别置于 1μg/mL 去甲肾上腺素溶液中和 1μg/mL 乙酰胆碱溶液中，另一片为对照。记录 20 个以上黑色素细胞的指数值，计算其平均值（表 5-2）。

表 5-2　激素影响色素细胞指数观察记录表

组别	1	2	3	4	5	6	7	8	9	10	11	12	13	14	15	16	17	18	19	20	…	平均值
对照																						
去甲肾上腺素																						
乙酰胆碱																						

5）制备金鱼或鲫鱼（彩鲫）脑垂体匀浆液（含促黑激素）（1 个/mL），给鱼注射 0.1mL 脑垂体匀浆液，每隔 10min 取一鳞片在解剖镜或显微镜下观察色素细胞的变化，记录 20 个以上色素细胞指数。以相同方法注射生理盐水为对照组（表 5-3）。

表 5-3　脑垂体匀浆液影响色素细胞指数观察记录汇总表

组别		注射后时间/min		
		10	20	30
平均值	对照			
	实验			

6）分析结果并加以讨论。

【注意事项】

1．实验用鲫鱼应选用体型较小的。

2．激素及生理盐水应注射到腹腔中。

（刘少贞）

实验 24 甲状腺素对蝌蚪变态的影响

【目的】通过甲状腺素对蝌蚪变态的作用，了解甲状腺对动物发育的影响。

【原理】甲状腺参与动物发育的过程，如对蝌蚪变态有明显影响。切除甲状腺，则蝌蚪不能完成变态而长成大蝌蚪，加喂甲状腺素（或加喂少量新鲜甲状腺）能加速蝌蚪变态成蛙。

【实验对象】蝌蚪。

【实验用品】玻璃培养皿，坐标纸，甲状腺素，10%碘化钾等。

【方法步骤】

取大小相等的蝌蚪 15 只（长度约 10mm），随机分成 3 组，分别置于盛有 300mL 池塘水的玻璃培养皿内，皿内放置水草少许，各组的处理如下。

第一组用池塘水不加任何物质，作为对照组；第二组加 10%碘化钾溶液数滴；第三组加甲状腺素（按 100mL 水含甲状腺素 1～4μg 加入）。注意如甲状腺素加入过多，蝌蚪往往会很快死亡。

各玻璃培养皿内的水及所加物质每隔一日换一次，同时测蝌蚪长度，并详细观察其变态情况（一般 2～3 周开始变态）（图 5-7），做好记录。测量蝌蚪长度时，可用羹匙将其舀出，放在小玻璃培养皿内，然后将玻璃培养皿置于坐标纸上，量出长度。

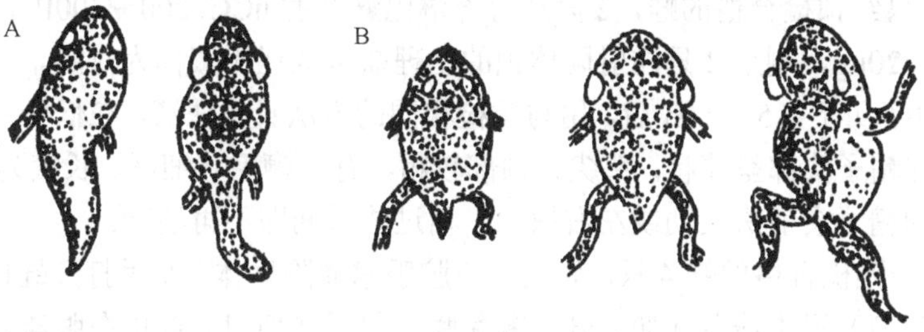

图 5-7 甲状腺对蝌蚪变态的影响（引自南京农学院，1982）
A. 不喂甲状腺素；B. 喂甲状腺素

【要求与思考题】

1. 甲状腺素的生理作用主要有哪些？
2. 加入碘化钾的作用是什么？

（黎德兵）

实验 25 蛙排精试验与离体跌卵试验

【目的】了解促黄体素释放激素（LHRH-A）和人绒毛膜促性腺激素（hCG）引起蛙排精的方法及机制；了解 hCG 刺激蛙排卵作用；掌握离体跌卵的方法。

【原理】高等脊椎动物下丘脑促垂体区能分泌促性腺激素释放激素（GnRH），可促进腺垂体和鱼类垂体间叶分泌两种促性腺激素，一种是卵泡刺激素（FSH），主要对生精作用及卵细胞的发育有促进作用；另一种是黄体生成素（LH），主要是促进雌性动物排卵及雄性动物分泌雄激素。

LHRH-A、GnRH、hCG 与 LH、FSH 的生理作用类似。LHRH-A 和 hCG 经体内注射后都可引起青蛙（或蟾蜍）排精，但两者的作用机制不同，hCG 能作用于精巢引起排精反应，而 LHRH-A 的作用途径是通过脑垂体促性腺素（GTH）间接引起排精反应。hCG 也能促进成体雌蛙排卵，利用该作用可测定激素的生物学效价。

【实验对象】 成体雄、雌蟾蜍或青蛙（雌蛙为自然产卵期前的）。

【实验用品】 2mL 注射器，细玻璃滴管，小烧杯，手术剪，眼科镊，显微镜，载玻片，玻璃广口瓶（容量 30mL），S 形玻璃钩，培养皿，计数器，LHRH-A，hCG，0.65% 生理盐水或任氏液等。

【方法步骤】

（一）蛙排精试验

1）每组选择 4 只颜色深浅相似的成体雄蛙，用滴管分别插入泄殖腔，管口先向下，再稍向上，即可插入，深度 0.5～1.0cm。然后轻轻前后移动，吸取尿液，滴一滴于载玻片上。用低倍镜检查是否有精子存在。尿液中无精子的雄蛙方可用于本实验，将其编好号。如泄殖腔中无尿液，可先用滴管注入少量生理盐水或任氏液后再吸取。

2）取 6 只经预检合格的蛙，2 只从背部淋巴囊注射 hCG 200～300IU，另 2 只注射 LHRH-A 10～20μg，剩余 2 只注射同体积的生理盐水或任氏液作为对照。注射后的蛙，置于室温（20℃）下 1.5～2.0h 后，用与预检相同的方法吸出尿液，在低倍镜下检查是否发现精子。蛙精子头部呈棒状，头尖，颈部较粗，有一鞭毛状细尾、长度为头部的 3～4 倍。初吸出的精子会前进运动或左右摆动，稍过些时间即不再活动。

3）另取经预检合格的蛙 4 只，先进行口腔手术摘除垂体。左手打开蛙口腔，右手用剪刀（或解剖刀）沿中线剪（切）开上颚黏膜，剪开（切口）部位在眼球稍下方的左、右耳咽管孔连线的中央处，并将黏膜向两侧拉开，暴露头骨。可见副蝶骨形如短剑状，剑尖指向蛙前方，剑柄在后方。小心地用剪刀尖和镊子将副蝶骨除去，直径约 3mm 的垂体就埋藏在副蝶骨的剑尖与剑柄交界处。通过缺口，可看到位于视交叉下一粉红色扁圆形体，即垂体，其一部分被漏斗所掩盖。用针挑开硬膜，用小镊子将垂体夹出；由于脑内压较高，有时垂体可被自动挤出。伤口不必缝合，若有出血，则应止血。将摘除垂体的蛙，2 只注射 hCG，另 2 只注射 LHRH-A，剂量同前。1.5～2h 后，取蛙尿液镜检。与前面不摘除垂体的实验结果进行比较，泄殖腔尿液中是否有精子出现；注意观察蛙皮肤颜色有何变化，分析原因。

（二）离体蛙卵试验

1）鱼脑垂体溶液制备：取经丙酮浸泡、干燥的鲤鱼脑垂体 1mg 和 0.5mg，分别放在研钵中研成粉末，用任氏液溶解，并稀释至 30mL，分别放入两个广口瓶中（贴上标签）。

2）hCG 溶液的制备：称取 1mg、2mg 的 hCG 分别放入广口瓶中，并加 30mL 任氏液溶解。

3）取低温保存的雌蛙一只，破坏脑与脊髓。固定在蛙板上，剖腹取出卵巢。卵巢应饱满，卵粒呈黑色，有光泽，大小基本一致。

4）用任氏液洗涤卵巢，洗去血液。并用剪刀剪下 5 小块大小相等的卵巢组织，每块卵巢组织含卵约 100 粒。用玻璃钩钩住卵巢膜，悬吊于 4 个装有鲤鱼脑垂体溶液和 hCG 溶液的广口瓶中和一个空白任氏液的广口瓶内。卵巢块必须浸在液面之下溶液的中部，玻璃钩的另一端悬挂在瓶口上。将广口瓶放入预先已调节好温度的恒温箱中，箱内温度保持 19～20℃。排卵活动在受激素刺激 10h 左右开始，15～18h 最旺盛，24h 结束。

5）注意观察和记录开始跌卵的时间。至 24h 时，计算排卵百分率。将每只广口瓶中的卵巢块取出，放在培养皿中准确计数，跌下的卵球也准确计数，然后算出排卵百分比。

6）比较分析鱼脑垂体溶液、hCG 对跌卵的影响，分析其产生差别的原因。

7）激素效价测定。做激素效价测定时，只配制所测激素一种溶液，而且激素浓度要有多个梯度。若空白对照组无卵跌落，某些激素浓度组跌卵数达 50%以上，则实验结果正常。跌卵数达 50%以上的最低激素量，即该激素的效价。若空白对照组有卵跌落，或出现两组差异很大，或试验组跌卵数在 50%以下，均属不正常，应重新做。

【注意事项】

1．取尿液用的滴管管口应光滑，以免损伤组织。泄殖腔内或有原生动物，观察时应与精子区别。

2．做蛙或蟾蜍背部淋巴囊注射时，针头应从后肢刺入，否则药液易从针孔流出。

（黎德兵）

第六章

综合性生理实验

综合性生理实验不限于单纯的生理指标测定、标本制备或验证某一生理现象，而是这些内容的综合。需要综合运用课程前期训练所得，开展相对复杂的手术操作，观察描记多种生理现象，连续测定生理指标，通过多个实验项目深刻认识某项或几项生理功能。进一步培养学生动手能力和科学思维能力，训练观察、比较、分析和综合的能力，提高创新意识、合作精神和解决问题等高阶学习的能力。特别强调小组成员的分工合作。

实验 26　胃肠运动的直接观察及小肠吸收与渗透压的关系

【目的】观察动物在浅麻醉状态下胃肠运动情况及其影响因素；练习家兔颈部、腹部等手术的基本操作；了解小肠吸收与肠内容物渗透压的关系。

【原理】消化道肌平滑肌具有平滑肌活动的特性。由于消化道各部位平滑肌结构不同，所表现的运动形式也不尽相同。胃肠平滑肌的运动主要受神经和体液因素的调节及其他理化刺激的影响。

肠内容物的渗透压是制约肠吸收的重要因素。同种溶液在一定浓度范围内，浓度越大，渗透压越高，则吸收越慢。过浓时可致反渗透现象，要在浓度降低至一定程度后，溶质才被吸收。小肠对水的吸收是被动的转运过程，即需待溶质被吸收后，肠腔内溶液渗透压降低时，水再向肠壁、血液中转移。由于饱和 $MgSO_4$ 溶液对肠壁具有反渗透作用，因此可用作泻盐。

【实验对象】家兔。

【实验用品】哺乳动物手术器械，注射器，酒精生理盐水合剂或 4%戊巴比妥钠，0.01%肾上腺素，0.01%乙酰胆碱，饱和 $MgSO_4$ 溶液，0.7%NaCl 溶液等。

【方法步骤】

（一）手术操作

1）家兔抓取及称重。打开兔笼，勿使家兔受惊，一只手抓住兔的后颈部皮毛，将兔提起，用另一只手托其臀部，在操作中尽量避免损伤家兔的双耳。

2）麻醉保定。计算麻醉剂参考用量，用 4%戊巴比妥钠（1mL/kg 体重）进行耳缘静脉注射，待家兔完全麻醉、无角膜反射、四肢痛觉反射迟钝后，采用仰位法将家兔头及四肢固定于手术台上。

3）颈部手术。用剪毛剪剪去颈部腹面被毛，甲状软骨下方沿中线纵行剪开颈部皮肤，钝性分离法分开颈部肌肉，暴露气管。找到颈动脉，仔细辨认相邻的3条神经：迷走神经最粗，交感神经次之，降压神经最细（图1-18），用玻璃分针将颈交感神经和迷走神经游离出3～4cm长，其下埋线备用。

4）腹部手术。从剑状软骨后沿腹正中线切开或剪开皮肤，沿腹白线剪开腹壁肌肉暴露内脏，找到胃和空肠（小肠包括十二指肠、空肠和回肠三部分，空回肠前2/5，管径较大，管壁较厚，血供丰富）。在胃贲门相连的食管壁上分离出迷走神经的腹腔分支，在左侧肾上腺附近找到内脏大神经（图6-1）。

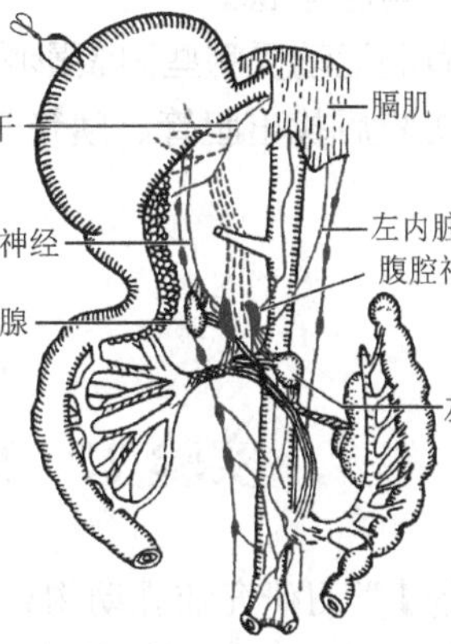

图6-1 家兔迷走神经腹腔分支、内脏大神经解剖位置图

（二）实验项目

1）观察胃、肠的运动形式，并记录其频率（胃的运动常不明显），注意区别呼吸运动的影响。

2）电刺激迷走神经腹腔分支或剪断颈部迷走神经，以中等强度刺激其离中端1～3min，分别观察胃肠运动有何变化。

3）刺激内脏大神经，观察胃肠运动有何变化，剪断后又有何变化。

4）分别选一段运动强烈、松弛的肠管，在其表面滴几滴0.01%肾上腺素，观察小肠运动和肠管壁状态有何变化。

5）另各选一段运动强烈、松弛的肠管，在其表面滴几滴0.01%乙酰胆碱，进行同样观察。

6）用镊子或手轻捏肠管的任意部位，再用冰块接触肠壁，观察有何现象发生。

7）将一段长约16cm的空肠牵出体外，轻轻将肠腔内容物往肛门方向挤压，使之空虚，挤压时避免损伤肠黏膜和肠系膜血管。用棉线将其扎成各为8cm长、互不相通的肠段A和B，分别注入预热至37℃的5mL饱和$MgSO_4$溶液和30mL 0.7% NaCl溶液。将A、B肠段还纳腹腔并关闭腹腔，30min后检查两肠段的涨缩情况，然后用大号针头分别抽取各肠段内容物，记下数量，算出各肠段吸收的量并分析之。

【注意事项】

1．动物禁食12～24h，实验前2～3h喂饱。

2．动物麻醉不宜过深，手术中要注意保温；经常用温热台氏液润湿肠段，避免干燥；项目4）、5）完成后，尽量用温热台氏液冲洗并吸走，以减少对后续实验的影响。

3．不同的实验项目可以选用不同的肠段。每个项目必须先记录基础情况，作为对照。

4．结扎肠段时，应防止把血管结扎影响吸收效果。

【要求与思考题】

1．胃肠运动受哪些因素影响？其节律性与心脏搏动有何区别？

2．实验后找出胆管、胰管开口于十二指肠的位置，并尝试插管，为下次实验做好准备。

（司晓辉）

实验 27　离体小肠平滑肌的生理特性

【目的】 学习研究哺乳动物离体器官活动的实验方法；观察多种理化因素对离体肠段运动的影响；加深对小肠平滑肌生理特性的理解。

【原理】 小肠平滑肌除具有肌肉的一般生理特性外，还具有自动节律性、较大的伸展性及对牵张、温度和化学刺激敏感等生理特性。小肠平滑肌受肠壁内神经丛与外来自主神经的支配。离体肠段虽然失去外来神经的支配，但在壁内神经丛的调节及适宜的条件下，仍能保持其生理特性，可用来观察理化因素对小肠平滑肌生理特性的影响。

【实验对象】 家兔。

【实验用品】 哺乳动物手术器械，恒温平滑肌浴槽，生物机能实验系统，张力传感器，支柱台，氧气袋，细塑料管（或橡胶管），长滴管，5mL 注射器，棉线，台氏液，0.01%去甲肾上腺素，0.01%乙酰胆碱，1% $CaCl_2$ 溶液，1mol/L HCl 溶液，1mol/L NaOH 溶液，0.01%阿托品等。

【方法步骤】

（一）实验准备

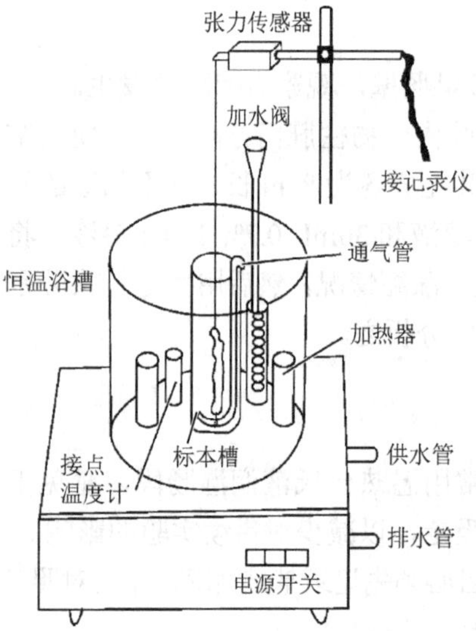

图 6-2　离体小肠平滑肌实验装置

1）恒温平滑肌浴槽装置准备。向中央标本槽内加入台氏液至槽高度的 2/3 处。外部容器恒温浴槽内加蒸馏水（图 6-2）。

2）标本准备。木棒猛击兔的后脑部或向兔耳缘静脉注射空气处死家兔。背位保定于手术台上，打开腹腔，以胃幽门与十二指肠的交界处为起点，快速沿肠缘剪去肠系膜，然后再剪取 20～30cm 长的十二指肠，迅速置于含有 4℃左右台氏液的平底器皿中以降低代谢和耗氧量，肠段的 2/3 浸泡在溶液中，1/3 暴露在空气中以免造成肌缺氧。用注射器向肠腔内注入台氏液冲洗肠腔内壁，备用。实验时将肠管剪成 3cm 左右的肠段，选取两端翻转明显的肠段，用棉线结扎肠段两端，一端结扎线连于标本槽内的标本固定钩上，另一端连于张力

视频 8　家兔离体肠段运动描记

传感器，适当调节传感器的高度，使其与标本之间的棉线松紧适度。肠段和连线必须垂直，并且不能与标本槽壁接触，避免摩擦。用塑料管将充满气体的球胆或增氧泵与标本槽通气管相连，调节塑料管上的螺旋夹，让通气管的气泡一个一个地溢出，为台氏液中离体肠段供氧。

3）仪器连接与调试。将张力传感器接入生物机能实验系统，打开电脑，选择相应实验项目，开始实验。

（二）实验项目

1）记录室温台氏液中的肠段节律性收缩曲线。

2）开启电源，将恒温工作点调至 38℃，记录肠段节律性收缩曲线。将温度稳定在38℃，进行其他实验项目。

3）向标本槽内滴加 0.01%去甲肾上腺素 1～2 滴，观察肠段节律性收缩曲线的改变。在观察到明显的作用后，用预先准备好的 38℃新鲜台氏液冲洗 3 次（以下各实验项目相同）。

4）待肠段活动恢复正常后，向标本槽内滴加 0.01%乙酰胆碱 1～2 滴，观察肠段节律性收缩曲线的改变，作用出现后同上法冲洗肠段。再滴加 0.01%阿托品 4～5 滴，约2min 后加入 0.01%乙酰胆碱 1～2 滴，观察肠段反应有何不同。

5）向标本槽内滴加 1mol/L HCl 溶液 1～2 滴并观察。

6）向标本槽内滴加 1mol/L NaOH 溶液 1～2 滴并观察。

7）向标本槽内滴加 1mol/L $CaCl_2$ 溶液 1～2 滴，观察肠段节律性收缩曲线的改变。

【注意事项】

1．实验动物先禁食 24h，于实验前 1h 喂食，可提高小肠平滑肌兴奋性。离体肠段恢复运动的过程有长有短，除确保良好实验条件外，还要保持耐心，不轻言放弃。

2．在实验过程中，台氏液的温度应保持 38℃，但温度不能过高。标本槽内溶液的液面应保持在同一水平，并不间断地通入 O_2。

3．每次加入试剂出现明显效果后，应立即用 38℃的新鲜台氏液冲洗，待肠段活动恢复正常，再进行下一项实验。项目所列药物剂量为参考剂量，如效果不明显，可以增补剂量，但要防止一次加入药量过多。

【要求与思考题】

1．记录每一实验项目中肠段收缩曲线的变化并分析其原理。

2．比较维持哺乳动物离体小肠平滑肌活动和维持离体蛙心活动所需要的条件有何不同，为什么？

（付守鹏）

实验 28　家兔胆汁和胰液的分泌

【目的】观察正常的胆汁、胰液分泌及神经、体液因素对其的调节作用。

【原理】胆汁和胰液的分泌受神经调节和体液调节，迷走神经兴奋可增加胆汁和胰液的分泌，肠腔中的盐酸、胆盐等可刺激促胰液素、缩胆囊素等的分泌，从而促进胆汁和胰液的分泌。

【实验对象】家兔。

【实验用品】哺乳动物手术器械，电子刺激器，聚乙烯管及玻璃导管，麻醉剂，0.4%盐酸，0.1%毛果芸香碱（或0.01%甲基硫酸新斯的明），促胰液素等。

促胰液素的制备方法：在前一次实验完成后，在兔空肠和幽门处分别做结扎。用大注射器将100mL 0.4%盐酸注入十二指肠内，0.5～1.0h后，将盐酸放出。此时溶液内已有促胰液素，保存于冰箱待用。要用时煮沸，加入NaOH溶液使其略呈碱性，再慢慢加入稀乙酸，使其稍带酸性。然后分别用纱布、滤纸过滤，所得滤液即可供实验用。

【方法步骤】

（一）手术准备

将兔麻醉后剖开腹腔找出十二指肠，在十二指肠“U”状弯曲底部向后约10cm处，提起小肠对着光线可见白色发亮的胰主导管入十二指肠处。细心分离胰主导管入肠处，剪一小孔插入充满生理盐水的玻璃导管，结扎固定。导管游离端可用丝线固定在肠管上，以防导管扭曲变位。然后在十二指肠起始部背侧找出胆总管（注意与静脉区别，图6-3），略做分离，在近十二指肠处剪口，向肝胆方向插入聚乙烯管，并做好两处固定。在不影响胆汁、胰液引流条件下，尽可能地用止血钳封闭腹腔，以保持家兔体温。

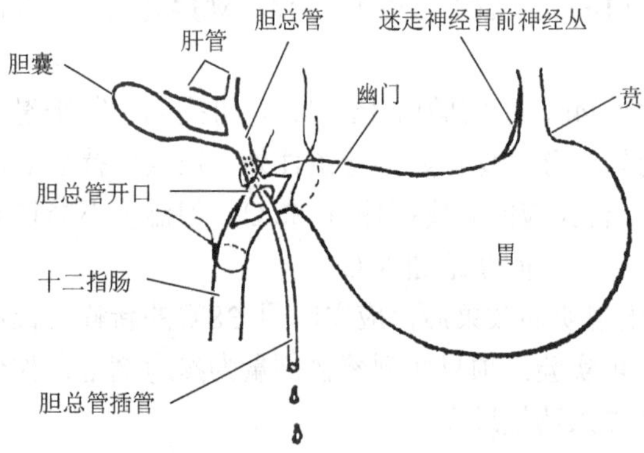

图6-3　胃、十二指肠和胆总管解剖示意图

（二）实验项目

1. 胰液和胆汁的自动分泌　记录5～10min内每分钟的分泌量（滴/min），并计算平均值。

2. 体液性（化学性）因素的影响

1）向十二指肠内注入20mL 0.4%盐酸（37℃），观察反应全过程（潜伏期、增加、恢复，以滴/min表示，以下各项均如此）。

2）皮下注射0.1%毛果芸香碱（或0.01%甲基硫酸新斯的明）0.5～1.0mL，观察。

3）取收集的胆汁 2mL 缓缓注入静脉，观察。

4）静脉注入促胰液素溶液 5～10mL，观察。

3. 神经因素的影响 在胃贲门附近食管上找到迷走神经的腹腔分支，以适宜强度电刺激几分钟，观察胆汁和胰液分泌的变化。

【注意事项】家兔禁食 24h，实验前 0.5h 喂以青草，可提高胆汁、胰液的分泌量。

【要求与思考题】实验全过程连续记录每分钟（滴数过少时每 2min 记录一次）胆汁、胰液的滴数，并对观察到的现象做出解释。

【组织建议】视时间和学生情况，可只要求胆汁实验内容，胰液分泌仅做插管练习或选 1～2 组演示。

（白华毅 程美玲）

实验 29 兔动脉血压的直接测定及其影响因素，交感神经对兔耳血管的影响

【目的】学习哺乳动物动脉血压的直接测定方法，观察神经、体液因素对动脉血压的影响；了解交感神经对兔耳血管壁平滑肌的作用。

【原理】动脉血压是心脏和血管功能的综合指标，主要取决于心输血量和外周阻力。在神经、体液等因素的调节下，动脉血压通常是相对稳定的。神经调节以颈动脉窦和主动脉弓压力感受性反射尤为重要。血管平滑肌主要受交感缩血管神经纤维支配，如果切断交感神经，其支配的血管显著扩张。影响心血管活动最重要的体液因素是肾上腺素和去甲肾上腺素。

【实验对象】家兔。

【实验用品】生物机能实验系统，保护电极，血压传感器，哺乳动物手术器械，动脉插管，三通管，动脉夹，兔手术台，小动物体重秤，万能支架，试管夹，注射器，丝线，脱脂棉，纱布，玻璃分针，20%氨基甲酸乙酯溶液，3.8%柠檬酸钠溶液（或 0.5%肝素生理盐水），0.01%去甲肾上腺素溶液，0.01%乙酰胆碱溶液等。

【方法步骤】

（一）装置仪器

将动脉插管通过三通管与血压传感器连接，血压传感器与生物机能实验系统的相应通道连接。将注射器连接到三通管上，并将 3.8%柠檬酸钠溶液（或 0.5%肝素生理盐水）注入三通管、动脉插管及血压传感器压力腔内，使管道内的气体全部排出。将保护电极与系统的刺激输出连接。选择相应的"实验项目"，准备描记。

（二）手术准备

1）麻醉与固定。家兔称重后，耳缘静脉注射 20%氨基甲酸乙酯溶液（5mL/kg 体重）

进行麻醉，仰卧固定于手术台上。

2）分离颈部神经和血管。剪去颈部腹侧被毛，于甲状软骨下方纵行剪开皮肤 5～7cm。用止血钳等钝性分离皮下组织和肌肉，直至暴露气管。在气管两侧找到颈部血管神经束，辨认清楚后，宜先以玻璃分针将降压神经分离出来，再分离交感神经、迷走神经和颈总动脉；随即在其下分别穿粗细颜色不同的丝线备用。

3）动脉插管。分离左侧颈总动脉 4cm 以上（尽量向头端分离），在其近心端夹以动脉夹，穿线结扎其远心端，血管下穿线备用。在远心端结扎线的近端剪一斜口，向心插入充满抗凝液的聚乙烯动脉插管，用线扎紧动脉插管，打开三通管和动脉夹，启动生物机能实验系统描记。待血压稳定后，开始实验。

（三）实验项目

1）观察记录正常血压（此为端压）曲线，识别其方向与大小所表示的血压变化含义，分析心搏波、呼吸波和梅耶氏波等血压三级波（图 6-4）及意义。

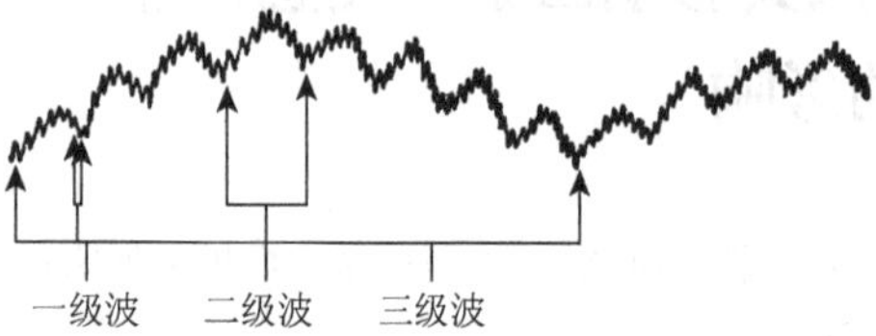

图 6-4 兔颈总动脉血压三级波
（改自赵铁千和王雨若，1985）

2）松开两后肢的保定绳，并迅速将家兔后躯举起，观察地心引力对血压的影响。

3）以动脉夹夹闭右侧颈总动脉 10～15s，观察血压的变化；除去动脉夹待血压恢复后，将左侧颈总动脉上的结扎线向下断续牵拉 5s 或直接机械刺激颈动脉窦，观察血压的变化。

4）用中等强度电刺激右侧降压神经，观察血压的变化；血压恢复后，用两根丝线分别结扎右侧降压神经，并在两结间剪断，观察血压有何变化。分别以中等强度电流连续刺激其中枢端和外周端，观察各自的血压变化。

5）在光亮处比较两耳血管的粗细，并用手触摸其温度有无差别。结扎一侧交感神经，并在向中端（体侧）将其剪断，比较两耳血管粗细有何变化，用手触摸其温度有无差异。以中等强度电刺激已切断交感神经的外周端（头侧），观察同侧兔耳血管有何变化（图 6-5）。

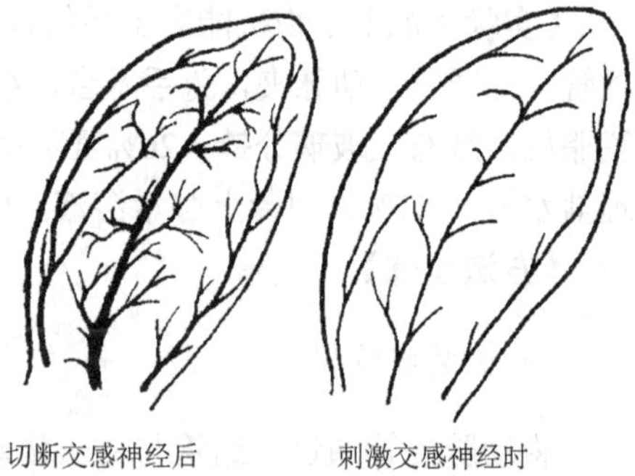

图 6-5 兔耳血管反应

6）用中等强度电刺激右侧迷走神经，观察血压变化。用两根丝线分别结扎迷走神经，并在两结间剪断。刺激迷走神经外周端，观察血压如何变化。刺激迷走神经中枢端，观察血压有无变化。

7）将左侧迷走神经也剪断，观察血压如何变化。然后再刺激降压神经中枢端，观察此时有何变化。

8）耳缘静脉注射 0.01%去甲肾上腺素溶液 0.2～0.3mL（试剂注入后，再补充数毫升生理盐水，以使药物全部进入血液循环），观察血压的变化，同时，观察两侧兔耳血管有何变化。

9）心脏采血或自右侧颈总动脉放血 10～20mL，观察血压变化。然后从静脉输入 20mL 38℃的生理盐水，观察血压能否恢复。

10）耳缘静脉注射 0.01%乙酰胆碱溶液 0.1～0.2mL，观察血压的变化。

【注意事项】

1．本实验对麻醉要求较严，过浅则动物挣扎，过深则反射不灵敏，并注意为动物保温。

2．动脉插管与颈动脉保持平行位置，防止刺破动脉或堵塞管口。压力传导系统应严格密闭。

3．进行每一项目后，须待血压恢复正常或平稳后方可进行下一项观察。

【要求与思考题】

1．整理出一套完整的血压变化曲线，并加以适当注释。

2．试以表格方式记录各项观察结果，并给予理论上的解释。

3．通过实验是否能证明降压神经是传入神经？

（刘　娜　范春艳）

实验 30　胸膜腔内压测定与呼吸运动的调节

【目的】学习和掌握胸膜腔内压和呼吸运动的测定方法，观察呼吸过程中胸膜腔内压的周期性变化及其影响因素；观察各种因素对呼吸运动的影响，并分析其机制。

【原理】在呼吸过程中肺能随胸廓扩张，是因为二者之间有胸膜腔。胸膜腔内的压强通常低于一个大气压，称为胸膜腔负压。胸膜腔负压是保证呼吸运动正常进行的必要条件，是由肺的弹性回缩压所产生，并随呼吸运动而变化。如果胸膜腔与外界或肺泡腔相通而造成气胸，其密闭性被破坏，胸膜腔负压消失，肺萎缩。

呼吸运动是呼吸中枢支配下的节律性活动，其深度和频率受到神经系统和体液因素的调节。内、外环境的变化可以直接刺激呼吸中枢，或通过外周感受器间接刺激呼吸中枢，起到调节呼吸运动的作用，实现机体对各种环境的适应。肺牵张反射是保证呼吸运动节律的机制之一。

【实验对象】家兔。

【实验用品】手术台，小动物体重秤，哺乳动物手术器械，孟氏胸套管或粗针头，气管插管，橡皮管，水检压计，生物机能实验系统，压力传感器，呼吸换能器（或张力换能器），双凹夹，万能支架，保护电极，CO_2 球胆，注射器，细线，脱脂棉，纱布，玻璃分针，20%氨基甲酸乙酯，3%乳酸等。

【方法步骤】

（一）装置仪器

1．胸膜腔内压的测定　将孟氏胸套管（或粗针头，图 6-6A）与高灵敏度的压力传感器相连（套管内不充水），压力传感器连接生物机能实验系统对应通道（图 6-6B）。若仅做定性观察可直接与水检压计连接，检压计中水可略加红墨水等染料，以便读数。

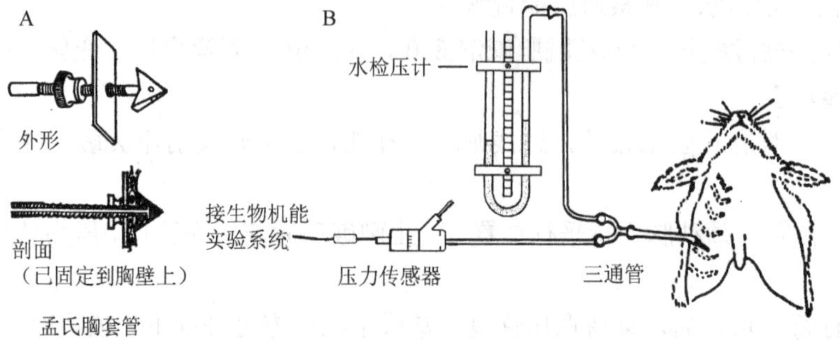

图 6-6　记录呼吸调节实验的装置

2. 呼吸运动的测定　将气管插管与呼吸换能器相连，再将呼吸换能器连接生物机能实验系统。还可在兔胸骨剑突下方（或随呼吸运动起伏最大部位）的皮肤上穿一根细线，打结后将线尾连接于张力换能器上，张力换能器接入生物机能实验系统。

（二）手术准备

取家兔一只，用 20%氨基甲酸乙酯（约 5mL/kg 体重）耳缘静脉注射麻醉后，仰卧固定在手术台上。剪去颈部与右前胸部的被毛，沿颈部正中纵行做 3～4cm 长的切口，分离气管及双侧迷走神经，穿线备用。将气管做“T”形切口，插入气管插管，并将呼吸换能器连接于气管插管上，启动呼吸运动描记。

视频 9　家兔气管插管、呼吸运动描记

在兔右胸第四、第五肋骨之间沿肋骨上缘做一长约 2cm 的皮肤切口。将孟氏胸套管的箭头形尖端从肋间插入胸膜腔后，迅即旋转 90°并向外牵引，使箭头形尖端的后缘紧贴胸廓内壁；将套管的长方形固定片同肋骨方向垂直，旋紧固定螺丝，使胸膜腔保持密封而不致漏气。如果另一端与高灵敏度的压力传感器相连，则此时可记录到零位线下移，并随呼吸运动上下移动，说明已插入胸膜腔内；如果另一端与水检压计相连接，则可见水检压计与胸膜腔相通的一侧液面上升，而与空气相通的一侧液面下降（表示胸膜腔内压低于大气压，为生理负值），且水检压计内的红色水柱随呼吸运动而上下移动，说明胸套管已进入胸膜腔内。

也可用粗的穿刺针头（或粗针头尖端磨圆、侧壁另开数小孔）代替胸套管，则不需切开皮肤即可插入胸膜腔，而后用胶布将针尾固定于胸部皮肤上。但此法针头易被血凝块或组织所堵塞，应加以注意。

（三）实验项目

1. 描记正常呼吸曲线　按下“记录”按钮，描记一段正常呼吸波曲线，观察正常呼吸运动与曲线的关系；同时观察吸气与呼气时胸膜腔负压的变化，记下平静呼吸时胸膜腔负压的数值。

2. 增大无效腔　阻塞一侧气管插管，待呼吸平稳后，将长约 50cm、内径 0.7cm 的橡皮管连于气管插管的另一个侧管上，增大无效腔，观察并记录呼吸运动及胸膜腔内压的改变。

3．窒息　将气管插管的两个侧管同时关闭10～20s，观察憋气的效应。

4．增加吸入气中CO_2浓度　关闭气管插管一个侧管，待呼吸平稳后，将充满CO_2的球胆出口对准气管插管的另一侧管口，松开球胆夹子，缓慢增加吸入气中CO_2浓度，观察呼吸曲线及胸膜腔内压的变化，待呼吸变化明显时夹闭球胆。

5．增加血液中H^+浓度　从耳缘静脉注入3%乳酸2mL，观察呼吸曲线及胸膜腔内压的变化。

6．迷走神经调节呼吸作用　提起一侧迷走神经的备用线，剪断迷走神经，观察呼吸曲线及胸膜腔内压有何变化。再将另一侧迷走神经双结扎并剪断，观察呼吸曲线及胸膜腔内压的变化。分别刺激迷走神经中枢端与外周端，观察呼吸曲线及胸膜腔内压的变化。

7．膈肌收缩与呼吸　自腹中线剖开腹腔，推开腹腔的脏器，露出膈肌，观察膈肌收缩及其位置变化与呼吸运动的关系。

8．气胸对胸膜腔负压的影响　剪开前胸皮肤，打开右侧胸腔，造成人工开放性气胸，或者用一支粗的套管针穿透胸腔，使胸膜腔与大气直接相通，形成气胸，观察胸膜腔内压和呼吸运动的变化。迅速关闭创口，用注射针头刺入胸膜腔内抽出气体，观察胸膜腔内压的变化，尤其注意观察胸膜腔负压是否重新出现，且随呼吸运动而变化。

【注意事项】

1．做气管插管时，应先对气管剪口处进行止血，并将气管内清理干净，再行插管。

2．插胸套管时，切口不可过大，动作要迅速，以免空气漏入胸膜腔过多。

3．用穿刺针时首先用较大的力量穿透皮肤，然后用手指抵住胸壁、控制进针力量，不要插得过猛、过深，以免刺破肺泡组织和血管，形成气胸或出血过多。

4．注射乳酸时要避免乳酸从静脉中漏出，以免家兔因疼痛而挣扎，影响实验结果。

5．采用呼吸换能器测定呼吸运动时，实验项目2和4直接在气管插管的另一侧管操作即可。

【要求与思考题】

1．记录各项实验的胸膜腔内压值并分析其机制。平静呼吸时，胸膜腔内压为什么始终低于大气压？在什么情况下胸膜腔内压可高于大气压？人工气胸后，将胸壁切口严密缝合，再将胸膜腔内的空气抽出，胸膜腔负压能否恢复？为什么？

2．增大无效腔对呼吸运动有何影响？用此机制分析临床上肺炎患畜为什么会发生呼吸困难？

3．增加吸入气中CO_2浓度、缺O_2刺激和增加血液H^+浓度均使呼吸运动加强，机制有何不同？

4．根据实验结果分析肺牵张反射，阐述迷走神经在正常节律性呼吸运动中的作用。

（刘　娜　范春艳）

实验31 大脑皮层运动机能定位与去大脑僵直观察

【目的】 通过电刺激家兔大脑皮层不同区域，观察相关肌肉的收缩活动，了解皮层运动区与肌肉收缩活动的定位关系及其特点；观察去大脑僵直现象，理解低位脑干对肌紧张的调节作用。

【原理】 大脑皮层运动区是躯体运动的高级中枢，对躯体运动的调节呈前后倒置、左右交叉支配，但头面部肌肉的支配多数呈双侧性。正常情况下，中枢神经系统对伸肌的易化作用和抑制作用保持平衡，维持着机体的正常姿势。如果在中脑前丘、后丘之间横断脑干，易化作用相对增强，肌紧张亢进，动物表现角弓反张现象，称为去大脑僵直。

【实验对象】 家兔。

【实验用品】 小动物体重秤，小动物手术台，哺乳动物手术器械，骨钻，小咬骨钳，骨蜡（或明胶海绵），电子刺激器，刺激电极，纱布，脱脂棉，20%氨基甲酸乙酯溶液，生理盐水，液体石蜡等。

【方法步骤】

（一）手术准备

家兔称重，耳缘静脉注射20%氨基甲酸乙酯溶液（约5mL/kg体重）进行麻醉（不宜过深），背位固定在小动物手术台上。颈部常规手术，气管插管，暴露双侧颈总动脉，其下穿线以备必要时结扎止血。将动物改为俯卧固定，剪去头顶部被毛，由两眉间正中至枕部将头皮纵行切开，再自中线切开骨膜，用止血钳夹干棉球向两侧剥离骨膜和肌肉，暴露额骨和顶骨。用骨钻在一侧的顶骨上开孔，位置为冠状缝后、矢状缝外的骨板上。然后将咬骨钳小心伸入孔内，自开孔处向四周咬骨以扩大创口。向前开颅至额骨前部，向后开至顶骨后部及人字缝之前（切勿掀动人字缝前的顶骨，以免出血不止）。按图6-7所示的开颅区域，暴露双侧大脑半球。用注射针头或三角缝针挑起硬脑膜，小心剪去创口部位的硬脑膜，暴露脑组织。将用37℃的生理盐水浸湿的薄棉片盖在裸露的大脑皮层上（或滴液体石蜡），防止皮层干燥。放松兔的前后肢。术中要随时注意止血，防止伤及大脑皮层和矢状窦。若遇到颅骨出血，可用骨蜡或明胶海绵填塞止血。

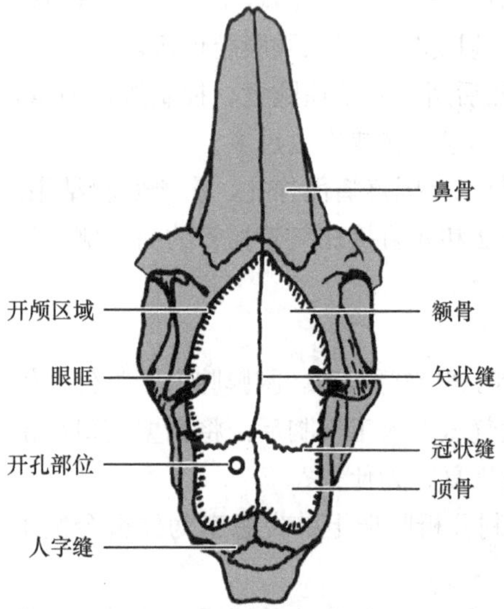

图6-7 打开家兔颅腔部位
（引自解景田和赵静，2002）

（二）实验项目

1）依据骨缝、沟回等标志位置，绘出大脑背面观轮廓图。

2）将刺激电极接触皮下肌肉，选择适宜刺激（参考参数为波宽 0.1～0.2ms、频率 20～50Hz、刺激强度 10～20V），每次刺激时间为 5～10s，每次刺激间隔约 1min，逐点依次刺激大脑皮层运动区的各个部位，观察躯体运动反应，并将观察到的反应标记在轮廓图上。观察结束，继续做去大脑僵直实验。

3）用湿的纱布将大脑推向前方，可清楚地看到小脑蚓部和中脑四叠体（前丘、后丘各一对，前丘较粗大，后丘较小）（图 6-8）。左手托起动物头部，右手用手术刀刀背在前后丘之间、略向前倾斜（约呈 45°）向颅底左右划动，彻底划断脑干，即成为去大脑动物。若切断的位置准确，动物会强烈挣扎，此时手术者不要松手，应坚持切到颅底。

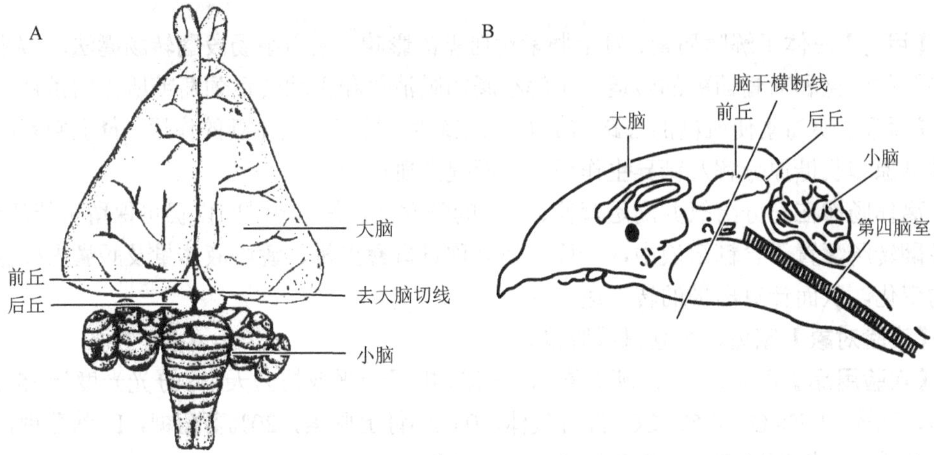

图 6-8　去大脑僵直实验

A．兔脑俯视图；B．兔脑正中矢状面（示意横断位置）

使兔侧卧，几分钟后可见动物的躯体和四肢慢慢变硬伸直（前肢比后肢更明显），呈头后仰、尾上翘、脊柱挺直的角弓反张状态，即出现去大脑僵直现象。将动物仰卧在手术台上，观察前后肢肌紧张有无变化。角弓反张状态减弱后，牵拉家兔四肢，观察是否恢复。

4）刺激（波宽 0.5ms、强度 2～5V、频率 5～10Hz，连续刺激）去大脑僵直家兔的小脑蚓部，观察僵直程度有无减轻。切除去大脑僵直家兔的小脑，观察僵直程度有无增强。

5）观察去大脑僵直兔的呼吸和心跳现象后，再用手术刀在延髓、脊髓交界部位切断脑干，动物的呼吸和心跳很快停止，观察伸肌紧张状态有何变化。

【注意事项】

1．皮层运动机能定位中刺激强度应从小到大进行调节，电刺激不宜过强，并注意分辨是否为电极局部的刺激扩散（如同侧耳廓竖立）效果干扰。刺激大脑皮层引起的骨骼肌收缩往往有较长的潜伏期，故每次刺激持续 5～10s 才能确定有无反应。

2．去大脑时，切断部位要准确，过低会伤及延髓呼吸中枢，导致呼吸停止。

【要求与思考题】

1．绘图标记大脑皮层运动区实验结果，并予以分析讨论（兔的大脑不够发达，精确定位较困难）。描述去大脑僵直实验各步骤出现的现象，并加以分析。

2．在开颅之前为什么要对家兔进行气管插管手术？

3．为什么在中脑四叠体的前丘、后丘之间切断脑干？

4．去大脑僵直现象为什么在切断脑干几分钟后才产生？

（刘 娜 范春艳）

实验 32 胰岛素、肾上腺素对血糖的影响，糖的转化与吸收

【目的】 在体了解胰岛素、肾上腺素对血糖的影响；采用小肠段翻转肠囊法观察小肠对多糖的消化和对葡萄糖的转运，了解小肠的膜消化和主动转运葡萄糖所需的条件。

【原理】 胰岛素使血糖的去路增加而来源减少，具有降低血糖的作用。肾上腺素能促进肝糖原和肌糖原分解及糖异生作用，从而提高血糖的浓度。

离体肠襻在充分给氧并满足营养、温度的条件下，在一定时间内仍可保留机能活动。制备翻转肠囊置于含糖溶液中，一段时间后称量盲囊重量、囊内液体量及肠囊内外糖浓度的变化，从而计算出糖的转运速度等。

【实验对象】 家兔、金仓鼠或豚鼠。

【实验用品】 恒温水浴锅，胰岛素，注射器，电子天平或扭力天平，分光光度计，50mL 烧杯，试管，95% O_2 和 5% CO_2 混合气体，0.01%肾上腺素，20%葡萄糖，D-葡萄糖，可溶性淀粉，碱性铜试剂，磷钼酸试剂，柯氏液等。

碱性铜试剂的配制：在 400mL 蒸馏水中加入无水碳酸钠 40g，在 300mL 蒸馏水中加入酒石酸 7.5g；在 200mL 蒸馏水中加入硫酸铜结晶 4.5g。上述三种溶液分别加热溶解，冷却后将酒石酸溶液倾入碳酸钠溶液中，混合后加入硫酸铜溶液。最后以蒸馏水定容至 1000mL。

磷钼酸试剂的配制：钼酸 70g、钨酸钠 10g、10%NaOH 溶液 400mL 及蒸馏水 400mL，混合、加温并维持沸腾 30min，以除去钼酸中可能含有的氨。冷却后加浓磷酸（85%）250mL，最后用蒸馏水定容至 1000mL。

柯氏液的配制：NaCl 69g、KCl 3g、$CaCl_2$ 2.8g、$NaHCO_3$ 21g、$MgSO_4$ 1.4g 和 KH_2PO_4 1.6g，加蒸馏水定容至 1000mL。配制时为避免发生白色沉淀，先将 $CaCl_2$ 置于 500mL 烧杯内，加蒸馏水 300mL，将其他成分置于 1L 容量瓶内，加水 500mL，再将经稀释溶解的 $CaCl_2$ 溶液边加边摇匀地转入容量瓶内，最后加蒸馏水至 1000mL。

【方法步骤】

（一）胰岛素、肾上腺素对血糖的影响

1）取事先经过饥饿处理 24h 的家兔 2 只（甲兔、乙兔），称其体重后，从耳缘静脉注射胰岛素 10～20IU/kg 体重。

2）经 1～2h，观察动物有无不安、呼吸局促、痉挛，甚至休克现象的发生。

3）待低血糖症状出现时，给甲兔及时静脉注射温热的20%葡萄糖20mL，给乙兔皮下注射0.01%肾上腺素（按0.4mL/kg体重），仔细观察实验动物的行为变化并记录结果。

4）分别抽取家兔不同状态下血液，制备血清后测定血糖浓度，讨论上述现象的机制。

（二）糖的转化与吸收

1）翻转肠囊的制备。金仓鼠断颈法处死，迅即开腹，摘出全段小肠，由断口注入温热生理盐水，充分洗净肠腔后放置于平皿中，再以充有混合气体的柯氏液清洗1～2次。然后用玻璃棒将肠管黏膜面向外翻转。将肠管切成4cm等长的若干段，先结扎肠段一端，由另一端注入1mL柯氏液后也将其结扎，封闭成双侧都为盲端的肠囊待用。

2）培养准备工作。与此同时，取A、B两个50mL容量的烧杯，各加入20mL柯氏液，置于37℃水浴锅中，按约为1L/min的流速通入混合气体，使气体在液体中呈连续小气泡不断地冒出。通气持续30min后杯口封盖。A杯加入1%淀粉溶液5mL，B杯加入0.05%葡萄糖溶液5mL。

3）温育。取两只肠囊分别置于A、B杯中，在37℃水浴锅中温育1h，其间每隔10min摇晃一次烧杯，温育完毕取出肠囊进行测定。

4）测定。用滤纸蘸干肠囊外表面的液体，用天平分别称取各自重量；然后剪破肠囊一端，收集囊内液体分别盛于两支小试管中。将肠囊纵行切开成片状，用滤纸彻底吸净囊内壁附着的液体，再分别称取两肠囊重量。求出两个肠囊所盛的液体量（通常要大于注入量10%左右）。

采用福林-吴宪比色法测定糖含量（或者采用有机化学课中学习的其他方法），操作程序如表6-1所示。

表6-1　福林-吴宪比色法测定糖含量操作程序

加入试剂	空白管	标准管	测定管		
			肠囊液（1）管	肠囊液（2）管	培养液（B杯）管
肠囊液（1）	—	—	0.5	—	—
肠囊液（2）	—	—	—	0.5	—
培养液（B杯）	—	—	—	—	0.5
蒸馏水	1.0	0.5	0.5	0.5	0.5
葡萄糖标准液（0.05‰）	—	0.5	—	—	—
碱性铜试剂	1.0	1.0	1.0	1.0	1.0
	混合，置沸水中煮10min，取出于流水内冷却3min（切勿摇动）				
磷钼酸试剂	各管1.0mL				
	混匀，放置2min，使CO_2逸出				
蒸馏水	各管10.0mL				

混合后立即用空白管液体调零，用620nm波长比色。读取各管OD值，按标准管法计算糖浓度。

【注意事项】

1．一旦出现低血糖症状，应立即进行后续步骤，以防止家兔死亡。

2．测糖浓度时，加入磷钼酸后显色并不稳定，应迅速比色。

3．如果测定管 OD 值偏离标准管 OD 值太远，应改变葡萄糖标准溶液浓度（加大或减小）。

【要求与思考题】

1．注射葡萄糖和肾上腺素对于低血糖症状的缓解效果是否相同，为什么？

2．根据实验结果讨论小肠对糖类的膜消化功能及对葡萄糖的吸收机制。

（马恒东　白华毅）

实验 33　影响尿生成的因素

【目的】学习膀胱套管及输尿管插管技术；了解影响尿生成的生理因素。

【原理】尿是血液流经肾时，经肾小球滤过，肾小管、集合管的重吸收和分泌排泄作用而形成。凡是影响上述过程的因素均可引起尿量的改变。影响肾小球滤过作用的主要因素是有效滤过压和滤过膜的机能状态。影响肾小管和集合管重吸收机能的主要因素是小管液渗透压的高低和小管上皮细胞的重吸收能力，后者又为多种激素所调节。

【实验对象】家兔。

【实验用品】手术台，哺乳动物手术器械，注射器，膀胱漏斗或膀胱套管，生理多用仪，乳胶管，培养皿，烧杯，恒温水浴箱，细塑料管，棉线，缝针，丝线，25%氨基甲酸乙酯，20%葡萄糖，0.1%肾上腺素，垂体后叶激素，生理盐水，本内迪克特试剂（Benedict reagent）等。

【方法步骤】

（一）手术操作

1）称重，麻醉。耳缘静脉注射 25%氨基甲酸乙酯（4mL/kg 体重），待家兔完全麻醉后，仰位将其固定于手术台上。

2）颈部手术及颈总动脉插管。颈部剪毛，暴露气管，施气管插管术；分离右侧迷走神经和颈动脉，穿线备用。还可参照实验 29，做颈动脉插管同时描记血压变化。

3）尿液的收集。可选用膀胱套管法或输尿管插管法（图 6-9）。

膀胱套管法：在下腹部正中打开腹腔，在耻骨联合前方找到膀胱，仔细辨认两侧输尿管，从其背侧穿线，向后结扎膀胱颈部（公兔可不结扎）。在膀胱腹面正中选择血管较少处做一荷包缝合，在荷包中心剪一小口，插入膀胱套管（可以用大号针头连乳胶管代替），收紧缝线，固定膀胱套管，并在膀胱套管及所连接的乳胶管内充满生理盐水，用于计滴。

视频 10　家兔输尿管插管

输尿管插管法：找到膀胱后，将其移出体外，在膀胱底部找出两侧输尿管。在靠近膀胱处分离、结扎输尿管，用细线在其下方打一松结，在结下方的输尿管上剪一小口，向肾方向插入适当大小的塑料管，拉紧松结固定插管，用于计滴。

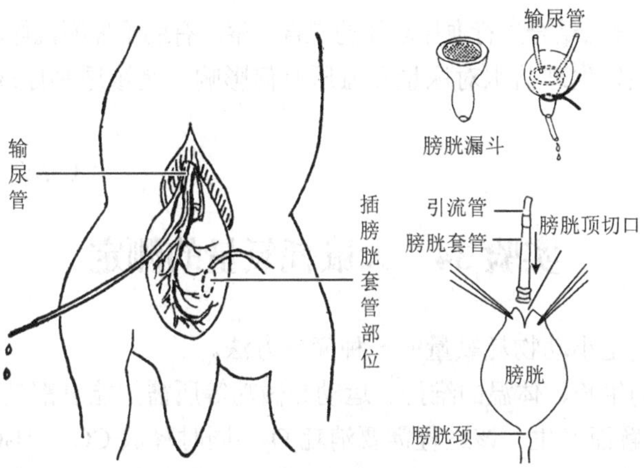

图 6-9　兔膀胱套管及输尿管插管导尿法

（二）实验项目

1）记录正常情况下每分钟尿液滴数，可连续计数 5～10min，并观察动态变化。

2）静脉注射 38℃生理盐水 20mL，计数每分钟尿液滴数，分析发生变化的原因。

3）耳缘静脉注射 0.1%肾上腺素 0.5mL 后，注意观察给药初期和后期的尿液滴数差异。

4）静脉注射 38℃ 20%葡萄糖（5mL/kg 体重），计数每分钟尿液滴数的变化。

取基础状态、尿量明显增多时的尿液各 2 滴，置于装有 1mL 班氏试剂（用前煮沸）的试管中，在酒精灯上边振荡边加热做尿糖定性试验，出现砖红色提示含糖。并对两管加以比较。

5）剪断右侧颈部迷走神经，以中等强度连续刺激其离中端 1min，观察每分钟尿液滴数以及血压的变化。

6）静脉注射垂体后叶激素 1～2U，计数每分钟尿液滴数，并观察何时开始出现抗利尿效果。

7）颈动脉放血约 20mL，观察尿量和血压有何变化。

【注意事项】

1．选择体重为 2.5～3.0kg 的家兔，实验前兔多喂菜叶和饮水，以增加基础尿量。

2．实验中要多次进行静脉注射，因此注意保护兔的耳缘静脉，应从耳缘静脉远端开始注射，逐渐向耳根部推进。推荐安置输液装置，必要时可分离颈静脉、股静脉注射。

3．实验顺序的安排是增加和减少尿量的因素交替进行。一项实验需在前一项目作用消失、尿量基本恢复正常水平或者相对稳定时再开始。

4．基础情况下尿量很少或无尿可能是因为家兔本身缺水、插管阻塞、手术创伤过大（痛性闭尿）、气温太低等，应予以注意并采取相应的对策处置。

【要求与思考题】

1．连续记录实验过程每分钟排尿滴数，标注清楚各项目具体内容及给予刺激的时间，分析结果产生的原因。

2．根据课程安排可结合进行血压功能的综合观察，有助于理解机体功能的整体性调节。

3．静脉快速注射生理盐水对尿量和血压有何影响？是渗透利尿或水利尿吗？

（张全伟　何玉琴）

实验 34　大鼠耗氧量的测定

【目的】学习测定小动物耗氧量的一种简单方法。

【原理】动物的生长、体温的维持、运动和做功等所需的能量都是由体内的蛋白质、糖类、脂肪氧化分解而产生。该过程需要消耗 O_2，同时释放 CO_2、H_2O 和能量（热量）。物质在体内氧化分解和体外氧化分解（燃烧）的规律是一致的，即物质在分解氧化时消耗 1L O_2 所释放的能量是一致的，称为物质的氧热价。根据氧热价和单位时间内耗氧量，就可以计算某物质释放的能量，并了解该动物体内营养物质分解代谢的情况。

【实验对象】大鼠。

【实验用品】500mL 广口瓶，温度计，5mL 注射器，2cm×10cm 试管（底开口），水检压计，胶塞，棉球，10% KOH 溶液，甲基蓝溶液等。

【方法步骤】

1）按图 6-10 安装测定小动物耗氧量的简单装置。该装置主要为一个 500mL 的广口瓶，瓶盖为胶塞，其上钻有 3 个小孔：一个插 50℃量程的温度计，以测量瓶中的气温；一个与水检压计相连，以测量瓶中气压；另一个则插入一支底部开口的试管，开口边缘向内翻，放置一小团浸透 10% KOH 溶液的棉球，用以吸收动物呼出的 CO_2。试管上端盖上胶塞，其中也钻一小孔，插入 5mL 注射器。

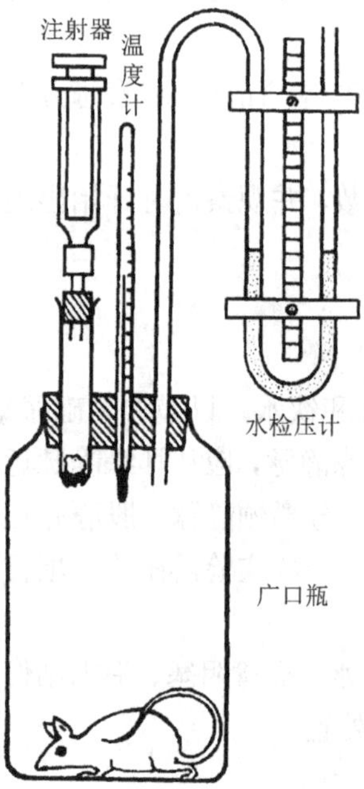

图 6-10　大鼠耗氧量的测定简单装置

（引自解景田和赵静，2002）

测定开始时，胶塞周围涂一薄层液体石蜡，以防漏气。水检压计的水柱应放至 0 刻度。水中可加入少量甲基蓝溶液，以便观察读数。

2）用注射器向广口瓶内推入 5mL 空气，使水检压计的水柱上升。静置数分钟后，如水柱液面稳定，表示装置密封良好，可进行测定。

3）将大鼠放入广口瓶内，塞紧胶塞，等待 3～5min，让动物适应测定环境并使瓶内的温度稳定，记录瓶内的温度。

4）测定时使注射器的管芯保持在 0 位，记录水检压计上水柱液面的读数，然后向广口瓶内注入 5mL 空气，使检压计的水柱升高。当大鼠在瓶内进行呼吸时，装置内气体容积减少，则水检压计的水柱液面缓慢下降。记录消耗 1mL O_2 所需的时间。重复测定 2～3 次，取其较稳定的数值计算大鼠的耗氧率。

【注意事项】确保整个系统气密性。注射 5mL 空气入广口瓶内时，水检压计中上升的液面要维持恒定，如果液面自动迅速下降，则是漏气，并非由大鼠呼吸造成。

【要求与思考题】用此方法分别测量大鼠在静息状态、活动状态的耗氧量，并比较分析。

（张全伟　何玉琴）

实验 35　摘除肾上腺动物应激观察

【目的】了解研究内分泌腺功能的摘除实验法；通过摘除法验证肾上腺功能及其在生命活动中的重要作用。

【原理】应激是机体在遭受伤害性刺激时所发生的全身性适应性反应和抵抗性变化的总称。摘除肾上腺皮质的动物在恶劣条件下，应激能力减弱，对有害刺激的抵抗力大大降低。发生应激时，除垂体-肾上腺皮质系统外，交感-肾上腺髓质系统反应也明显增加，同时多种内分泌组织分泌增强。正常情况下，肾上腺糖皮质激素和髓质激素共同参与调节机体对抗有害刺激的反应，增强适应能力。

【实验对象】成年雄性小鼠。

【实验用品】蛙板，小动物手术器械，秒表，大烧杯，表面皿，乙醚，75%乙醇等。

【方法步骤】每组选体重、健康状况相近的小鼠 2 只，一只摘除肾上腺，另一只做假手术对照。

取小鼠置于倒扣的大烧杯中，投入一小团浸有乙醚的棉球，将其麻醉后，取俯卧位固定于蛙板上。剪去腰背部的毛，用 75%乙醇消毒术部皮肤。从最后胸椎处向后沿背部正中线做约 2cm 长的皮肤切口。先把切口牵向左侧，于最后肋骨后缘和背最长肌的外缘分离肌肉。用镊子扩大切口，以小镊子夹盐水棉球轻轻推开腹腔内脏器和组织，在肾前内侧脊柱下方就可看到淡黄色的肾上腺（图 6-11），与其周围不规则的脂肪组织有明显

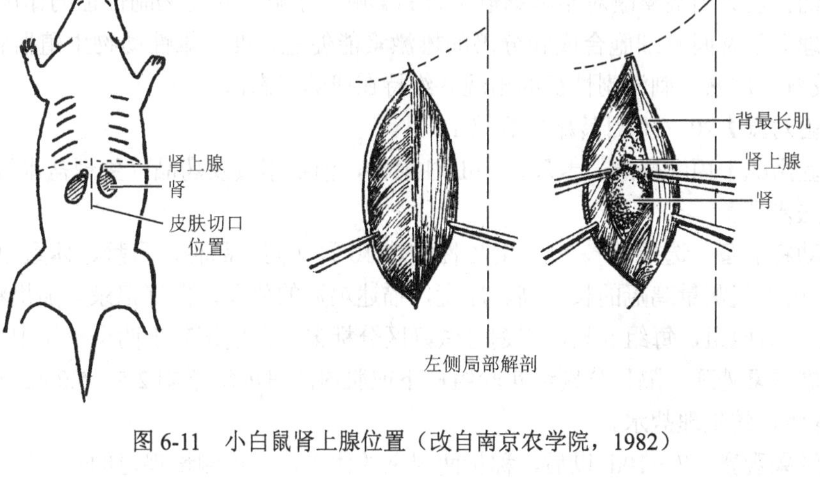

图 6-11　小白鼠肾上腺位置（改自南京农学院，1982）

区别。用外科镊子钳住肾上腺与肾之间的组织，不必结扎就可轻轻摘除腺体。同法摘除右侧肾上腺（位置稍靠前，注意勿伤附近血管），缝合肌肉和皮肤，并涂以碘酊。摘除的肾上腺放在盛有生理盐水的表面皿上，备查。对照组也应进行与实验组相似的手术，观察清楚但不摘除两侧肾上腺。

每只小鼠做好明显的记号。待各鼠恢复清醒和活动后，按组将实验组、照组小鼠同时投入盛有冰水的面盆中，按动秒表，记录每只小鼠在水中的游泳时间，直至它口鼻溺水下沉时为止。同时比较各组小鼠的游泳姿势与速度。动物下沉后立即捞出，蘸干身上的水并保温，记录并比较其恢复时间和恢复情况。

颈部脱臼法处死小鼠，剖验其肾上腺是否已完全被摘除或仍然存在。

【注意事项】

1．手术过程中注意维持麻醉深度，过浅则将乙醚棉球接近小鼠口鼻，过深则移远，实验中要特别注意人的安全。

2．仔细找准手术部位；避免切口过长、内脏移位或出血较多等过度损伤。

3．先做假手术后做真手术，手术创伤尽量接近。完整摘除肾上腺，切勿直接夹取，以防止夹破腺体导致摘除不全。

4．标记要可靠、醒目，并避免对小鼠的伤害（如剪耳、断尾等）。

【要求与思考题】

1．实验中肾上腺髓质存在与否对小鼠应激能力会有何不同？

2．本实验中应如何尽量避免由于动物的个体差异或实验条件差异所造成的误差？

【组织建议】对于未做过慢性生理实验的班次，可按慢性生理手术要求术者、器械消毒等环节。结果不理想的组应了解全班总体结果，对照分析本组结果不理想的原因。

（司晓辉）

实验 36　雄激素对鸡冠发育的作用

【目的】观察丙酸睾酮对雏鸡鸡冠发育的影响，了解其对动物副性征的作用。

【原理】睾丸间质细胞合成和分泌的雄激素能促进、维持雄性动物生殖器官和生殖细胞的发育、成熟，刺激副性征的出现并维持在成熟状态。

【实验对象】20～30 日龄雄性雏鸡 10 只。

【实验用品】丙酸睾酮，卡尺，1mL 注射器，消毒用具及药品，生理盐水等。

【方法步骤】

1．动物准备　选择 20～30 日龄雄性雏鸡 10 只（同一品种，日龄、体重相近），称量体重，用卡尺测量鸡冠的长、高、厚度，描述鸡冠的色泽，做好记录。随机将雏鸡分为实验组、对照组，每组 5 只，用翅号做好区分标记，分别饲养于两个鸡笼中。

2．雄激素处理　隔日分别给实验组皮下或肌内注射丙酸睾酮 2.5～5.0mg /只，对照组注射等体积的生理盐水。

3．结果观察　7～10d 以后，称量两组鸡的体重，卡尺测量鸡冠的长、高、厚度，描述鸡冠色泽（图 6-12），并比较实验组与对照组的数据，分析实验结果。

图 6-12 雄激素对雏鸡鸡冠发育的影响（引自南京农学院，1982）
A. 对照组；B. 实验组

【注意事项】

1. 测量时，抓握雏鸡要轻，尽量避免应激。
2. 卡尺松紧要适度，最好同一人操作。

【要求与思考题】

1. 学生分组实验、饲养动物，必须认真观察、记录鸡冠发育的各项指标。
2. 思考雄激素的主要生理功能，并分析其对雏鸡鸡冠发育的作用。

（邢 华 潘士锋）

实验 37 奶山羊的排乳反射

【目的】学习动物排乳反射实验的基本方法；理解神经、体液因素调节排乳反射的不同特点。

【原理】排乳是指当哺乳或挤乳时，乳房容纳系统紧张度改变，使蓄积在腺泡和乳导管系统内的乳汁迅速流向乳池而排出体外的过程。动物的排乳反射受神经和激素的共同调节。挤压乳头或吸吮乳头时，刺激母畜乳房感受器，反射性地引起腺泡和终末乳导管周围的肌上皮细胞收缩，腺泡乳流入导管系统；接着大导管和乳池的平滑肌强烈收缩，乳池内压迅速升高，乳头括约肌开放，使乳汁排到体外。神经垂体释放的催产素在排乳反射中发挥着重要作用。每次排乳中，最先排出的是乳池乳，接着排出的是反射乳。挤乳或哺乳后，乳房内不能排出的小部分乳汁，称为残留乳。

【实验对象】泌乳期奶山羊。

【实验用品】羊固定架，导乳管（可用 16#长针头改制），注射器，量杯，垂体后叶激素（或催产素）等。

【方法步骤】

1. 乳池乳的收集 将泌乳期奶山羊立于羊固定架中，并适当保定。将消毒导乳管插入右侧乳头，以量杯收集乳池乳，并记录该乳池乳的体积。

2. 反射乳的收集 待乳汁流出稳定后，使该母羊的羔羊接近，而不予哺乳，记录排乳量。再以手挤（或以该羊的羔羊吸吮）左乳头，观察右乳头排乳情况变化的全过程，并记录排乳量。两次排乳量合计即反射乳的体积。

3．残留乳的收集 反射乳排出后，以消毒注射器在羊臀部肌内注射垂体后叶激素5U，记录乳汁排出变化的潜伏期、持续时间、残留乳排出量。连续观察20min以上。

【注意事项】实验应在安静、动物熟悉的环境中进行，尽量减少其他因素的影响。

【要求与思考题】神经、体液因素调节排乳反射有何不同特点？重点比较手挤乳头和肌注垂体后叶激素产生的不同影响，分析其原因。

（邢 华 潘士锋）

第七章

慢性生理实验

慢性生理实验过程长、要求高，多用于科学研究工作，在本科教学中很少安排。本章编入2个慢性生理实验，意在配合教学视频或虚拟仿真实验使学生有所了解，帮助其在后续课程学习、深造及工作中拓展思路、解决问题。

实验38　反刍动物的腮腺分泌

【目的】观察反刍动物唾液分泌特征及进食对它的影响；初步了解慢性生理实验。

【原理】反刍动物腮腺分泌是连续的，在进食和反刍时其分泌加强；唾液分泌受自主性神经支配，拟副交感神经性药物（如毛果芸香碱）和胆碱M受体阻断剂（阿托品）等对其有显著影响。

【实验对象】山羊。

【实验用品】消毒聚乙烯细管，哺乳动物手术器械，羊固定架，青草，干草，精料，pH试纸，1%乙酸，0.1%毛果芸香碱，1%阿托品，0.3%盐酸普鲁卡因等。

【方法步骤】

（一）手术准备

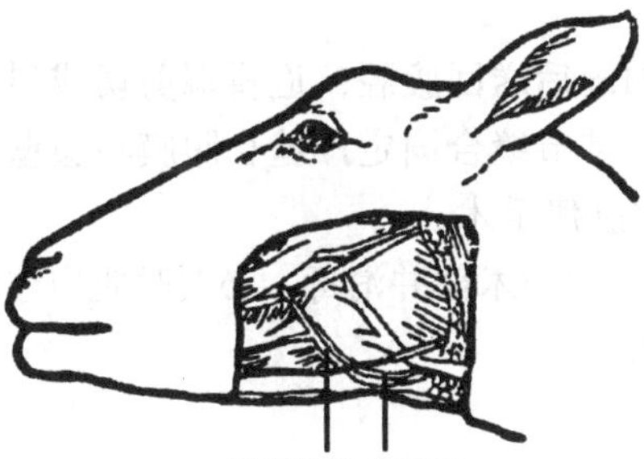

图7-1　羊腮腺管解剖位置
（引自南京农学院，1982）

按慢性生理手术要求，消毒环境、手术器具及用品。将动物侧卧固定在手术台上，剃去颊部的毛，术部消毒，用0.3%盐酸普鲁卡因局部浸润麻醉。沿内眼角方向和下颌切迹连线，以口裂延长线交叉点为中点在咬肌前缘切开皮肤3cm，钝性分离创口，在颜面静脉后方找出腮腺管（图7-1），仔细分离勿伤腮腺神经及血管。选用口角外回收管法或体外吻合管法造好腮腺瘘管。缝合皮肤，施以消炎药物，创口愈合拆线需5～7d，其间加强调教。

（二）实验项目

1）使该羊站立在固定架上，接长腮腺瘘管，观察唾液基础流量，记录3～5min。

2）给羊分别喂以青草、干草、混合精料，记录唾液流量的变化情况。观察饮水对唾液分泌又有何影响。

3）以 1%乙酸 1～2 滴注入羊口腔内，观察唾液分泌量及其酸碱度。

4）待腮腺分泌恢复正常后，皮下注射 0.1%毛果芸香碱 0.5～1.0mL，观察 10min 以上。

5）腮腺分泌恢复后，皮下注射 1%阿托品 1mL，可见唾液分泌量减少，持续 1～2h。

【要求与思考题】记录慢性生理手术消毒程序，当堂分析讨论各现象产生的原因。

【组织建议】通过虚拟仿真实验、放映电教片或参观手术室，较详细讲解慢性实验消毒程序等慢性生理实验的要求和用途。

（刘玉梅　吕琼霞）

实验 39　鸭的肛瘘手术

【目的】学习禽类肛瘘手术操作，为消化代谢试验提供分别收集粪、尿的动物模型。

【原理】禽类的直肠与尿道最后汇合于泄殖腔，导致粪尿相混。为分别收集粪和纯净的尿液，需进行造肛手术。手术要点在于切断直肠与泄殖腔的联系（不能损伤尿道开口），将直肠缝合固定于腹壁皮肤切口上，术后粪便即由此处排出，而尿液仍经泄殖腔排出。

【实验对象】成年鸭。

【实验用品】手术器械，小动物手术台（图 7-2），缝针，缝线，0.3%盐酸普鲁卡因等。

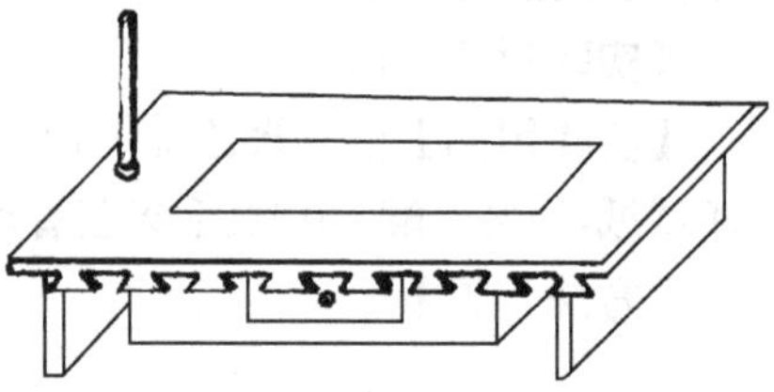

图 7-2　小动物手术台

【方法步骤】将鸭仰卧保定在手术台上。术部切口以两坐骨结节连线中点为准，计划向肛门纵向切开 3～5cm。术部除毛消毒，用 0.3%盐酸普鲁卡因进行菱形浸润局部麻醉。切开皮肤打开腹腔后，将直肠引至切口，在紧靠泄殖腔处的直肠壁上做荷包缝合，收紧后切断直肠，近肛端做对角缝合包埋加固后送回腹腔；近胃端剪切成斜面，其周边与皮肤切口前缘对齐缝合，并向后依次做结节缝合固定，缝合腹膜与腹壁肌肉封闭腹腔，缝合未与直肠切口吻合的皮肤，完成肛瘘手术。

注意术后护理，及时检查疏通人造肛门内的粪便，清洁术部并消毒。必要时肌内注射抗生素，以防感染。正常情况下，5～6d 后可以拆线。

【注意事项】

1．术前应完全禁食，以防新造肛门创口因排粪被污染。

2．直肠肠系膜中分布有丰富的血管和神经，在分离结扎直肠时应避免伤及。

3．近胃侧直肠断端剪成斜面后，实际成为一个椭圆状出口，与其对缝的腹壁皮肤切口也应修整成相应形状与大小，以避免缝合不严密或造成肛口狭窄，排粪不畅。

（刘玉梅　吕琼霞）

第八章

探索性生理学实验

传统的实验教学都有相对固定的内容，学生只要按照实验指导的步骤进行，基本都能得到满意的结果。但在这类实验教学的整个过程中学生主动性发挥不充分，难以更好地开发其创新精神和智力潜能。因此，经过了一段时间的生理学理论学习并完成一些必要的验证性和综合性实验后，应该进一步开展探索性生理学实验的基本训练。

探索性生理学实验是指针对生理学实验的未知或未全知的问题，采用科学的思维方法，进行大胆设计、探索研究的一种开放式教学实验。探索性实验的基本程序与科学研究相同，是初步的科学研究实验训练，可使学生初步掌握科技文献检索、实验设计、实验操作及论文撰写的知识和方法，为日后从事科研工作奠定基础。

第一节　生理学实验设计的基本原则

探索性生理学实验的关键环节是实验设计，科学合理的实验设计是提高实验效率、减少误差、获得可靠结果的基本保证。因此，实验设计必须遵循以下基本原则和要求。

1．科学性、创新性和可行性　这三者是科学研究与实验设计的总原则。

科学性是探索性生理学实验设计的首要原则。科学性是指实验设计的原理、操作程序及方法，要以已有的生理学理论知识、科学方法和客观事实为基础，而不是仅靠毫无根据的凭空想象。

创新性是实验设计的灵魂，即要求实验设计必须是针对别人没有研究过的，或是虽有人研究过但还不能作出结论的问题。因此，只有检索国内外有关文献和科研资料，勤于思考，认真分析，在选题时才能提出新见解、新技术、新方法，或是对原有的知识、技术或方法进行修改补充。创新有大有小，在生理学实验设计当中，只要对方法合理改进、对已有工作的薄弱环节有所补充和引申或者解决了不同文献的矛盾之处等都属于创新。

由于探索性生理学实验可能是学生首次接触科学研究训练，在强调选题创新性的同时，也要注意选题的可行性。内容过多或过深都不利于学生的训练和培养，因此选题时要结合设计者的学术水平、技术水平和实验室条件，使实验能够顺利地实施，即具有可行性。

2．对照原则　即设立参照物，对处理组和非处理组之间的差异进行科学对比。通常实验分组为处理组和对照组。在各组之间，除了处理因素不同外，其他因素尽量保持相同，从而通过差异比较了解处理因素带来的特殊效应。只有消除非处理因素带来的误差，实验结果才能说明问题。根据实验研究目的和要求的不同，可选用不同的对照形式，如空白对照、标准对照、自身对照、实验对照、相互对照等。

3. 随机原则 指在实验研究中，对实验对象的实验顺序和分组进行随机处理，避免人为因素的干扰和影响；从而使抽取的样本能够代表总体，使处理因素产生的效应更加客观，利于得出正确的实验结果。常用的随机方法有抽签法、随机列表法和随机数字表等。

4. 重复原则 稳定可靠的实验结果应该能在相同的条件下被复制出来，这就要求各处理组及对照组的例数或实验次数要有一定的数量，即遵循重复原则。如果样本量过少，会存在个体差异和实验误差，而使结果不准确，结论也不可靠。如果样本过多，不仅增加工作难度，还造成人力、财力和物力的浪费。因此，应在保证实验结果具有一定可靠性的条件下，确定最少的样本例数。

5. 条件一致 在实验中欲检验因素本身条件必须前后一致。例如，实验所用的刺激参数、药物的剂量、剂型、批号，以及各种环境因素等都需要前后一致，不能在实验过程中随意更改。否则，有可能会干扰实验结果，造成“假象”和实验结果分析困难。

6. 必须注意观察实验的全过程 要从每次实验未进行处理之前的基础机能水平开始，一直观察到加入检验因素之后产生变化结束，或从撤销检验因素后直至其机能恢复正常为止。对于缓慢的变化可以做定时的或有规律的观察、记录，直至恢复正常。特别要注意实验中的变化时程，要精确记录引入检验因素的时间、出现变化的时间及恢复到正常水平的时间。

7. 要有明确的判定实验结果的标准 实验结果有无差异，差异是否显著，必须有客观的、严格的标准，不能有丝毫主观、模棱两可的因素。如果实验结果是描记的曲线，则曲线必须附有纵坐标、横坐标的标尺。

8. 应用多种方法进行同样目的的实验 尽可能应用多种方法进行同样目的的实验，如果能得到相同的结果，才能说明这样的结果是正确、可信的。例如，研究某一神经因素的作用，不仅用电刺激的方法，也可用切断、拮抗药物或受体阻断剂等方法加以证明。

9. 要对实验数据进行统计学处理 结合已经学过的生物统计学知识，根据实验数据的具体情况，采取合适的统计方法对结果进行分析并判别结果的差异是否显著等。

（付守鹏）

第二节 探索性生理学实验的一般程序

探索性生理学实验的基本程序包括选题、实验设计、实验观察和记录、实验结果的处理分析及研究结论几个环节。

1. 选题 选题即确定研究的课题，是生理学实验设计的先决条件，决定研究的方向和总体内容，它包括确定题目和建立假说。

选题正确与否，直接关系到实验结果的准确性、结论的可靠性及实验的成败，因此学生在选题时一定要注意选题的基本原则。选题可以考虑对已有实验内容或方法的改进，可以验证理论学习中的疑问和设想，可以检验生活生产中实际问题的生理机制，等等。实验题目不宜过大，应尽量具体明确。

假说就是对拟研究的问题预先提出实验的基本原理步骤、假定性答案或实验性解释，也是实验研究的预期结果。科学假说的建立需要运用对立统一的观点对已掌握的知识和资料进行类比、归纳和演绎。因此，要建立科学的假说，查阅、研读文献资料是必不可少的环节。

2. 实验设计 实验设计是实验研究的计划、方案的制订，必须根据实验研究的目的、预期结果，结合专业和统计学要求，对所从事实验的具体内容和方法做出周密完整的计划安排，使之在实验过程中有所依据，并能够提高研究的质量。

设计报告应包括：课题名称、目的意义、基本原理、实验对象与材料、实验的主要观察指标、实验的方法步骤、数据的收集及处理方法、预期结果、可能遇到的问题及对策，还应包括参考文献以及小组人员分工与贡献等。实验项目不宜过多（因受时间限制），但在观察、实验方面要明确观察指标和判定标准。实验设计完成后要进行预实验，即对所选课题进行初步实验，在此过程中发现不足并完善设计。

3. 实验观察和记录 实验观察应注意对整个实验过程进行观察，要特别注意有无出现非预期结果或“反常”结果，如若出现，应对其进行分析，以期有新的发现和得出新的认识。实验记录应重视原始记录，要预先拟定原始记录的方式和内容。原始记录要及时、完整、正确和整洁，严禁涂改。

4. 实验结果的处理分析 实验结果只有进行处理和分析后，才能发现其变化的规律性。结果处理时应首先将原始数据整理核实，计算出各组数据的均值、标准差或标准误等，并根据生物统计学原理进行显著性检验，然后制作出相应更直观的图表等。

5. 研究结论 科学研究经过选题、实验设计、实验观察和记录及实验结果的处理分析，对实验结果进行由表及里的分析，就可做出研究总结，得出结论，并写出论文。这个结论要回答原先建立的假说是否正确，并对实验中发现的现象用搜集到的资料作出理论解释。研究结论是从实验观察结果概括或归纳出来的判断。结论内容要严谨、精练、准确。

（付守鹏）

第三节 探索性生理学实验的组织与实施

探索性生理学实验以讲授、讨论、实践结合的方式进行，以在老师指导下的学生自行实践为主，放手让学生自己去思考、设计、探索、总结，让学生在实践中学到知识、学到方法，培养创新能力和实践能力。探索性生理学实验的组织与实施可分为 7 个阶段。实验设计宜穿插课程的全过程，采取课内与课外相结合的方式进行。

1. 动员阶段 在课程初期，通知学生该门课程的实验安排，重点强调最后一次实验课为探索性生理学实验，使学生心中有数，更加积极主动地从课程学习中汲取探索性生理学实验设计的方法和思路，为选题和实验设计做准备。要求学生每 5 人左右组成一个实验小组，每个实验小组进行一个实验设计。

2. 选题讨论与报告形成阶段 由于学生一般只做过验证性实验和综合性实验，在学生选题前 4 周应开设“探索性生理学实验”专题讲座，详细讲授开展探索性生理学实验的目的、意义及具体实施方法，使学生的选题和实验设计有据可依。

在课程中期，各实验小组通过查阅文献，确立所做实验的题目，并向教师汇报。教师对选题进行指导，纠正选题偏大偏空、重复无新意或过于烦琐复杂等通病。然后，由小组组长分工并组织小组成员查阅有关资料、研究讨论、逐步完善选题，协作完成实验设计报告。教师采用个别检查指导的形式，了解进度并督促各组按时完成。

3．教师评阅阶段 教师于选题讨论后两周内收集实验设计报告，逐个认真评阅，审查报告的科学性、创新性、可行性、实用性，写出评语。必要时找学生单独谈话、交流，提出具体的修改意见，发给学生进一步修改完善，并做好开题论证的准备工作。

4．开题论证阶段 开题论证阶段一般安排在课程结束前的第二、三次课上，由教师主持小型开题论证会，可邀请相关学科的教师参加组成评审组。学生将实验设计报告制作成答辩幻灯片，每组选一个学生代表对设计报告进行汇报。开题论证分为设计者讲解、评审组成员及同学提问、实验设计者回答、教师点评 4 个阶段。限定每组的总时间为 10～15min，强调主要问题要讲解清楚、回答扣题简洁。此过程可以锻炼学生表达能力、临场反应和团结协作精神，也可以考察对设计内容的理解、把握程度，作为评定成绩的依据。实验小组根据评审老师和同学提出的问题和建议补充并完善实验设计，及时形成设计报告定稿上交。

5．实验前准备阶段 教师将设计报告报教学准备室，并与教学准备室技术人员沟通，将实验过程中所需实验动物、试剂和器械准备好。学生可申请参与实验前的准备工作。

6．实验阶段 此阶段包括预备实验和正式实验两个阶段。预备实验是在实验准备完成后对实验进行“预演”，是完备实验设计和保证实验成功必不可少的重要环节。目的在于检查各项准备工作是否完善、实验方法和步骤是否切实可行、测试指标是否稳定可靠，而且初步了解实验结果与预期结果的差距，从而为正式实验提供补充、修正意见和宝贵经验。此阶段一般需要 2～3 次实验课，占用时间较多，可通过晚上及假日开放教学实验室来解决。在预备实验过程中要求学生独立思考、解决问题，不断改进和完善实验设计，从而以最简单、最经济的方法得到符合准确度要求的结果。

预备实验结束后依据修正好的实验方案开始正式实验。正式实验过程中教师只负责提供实验所需物品，对实验过程不加干预和指导。

7．论文写作与答辩阶段 正式实验结束后，学生对实验结果进行分析、推理，得出结论。按照中文核心期刊论文的格式撰写实验报告。报告具体包括标题、作者和班级、摘要、前言、材料与方法、结果与分析、讨论与结论及参考文献 8 个部分。

各实验小组完成论文写作，并准备论文答辩幻灯片。教师组织学生在班内进行论文答辩。在答辩期间，记录各个同学答辩表现，对表现好的适当加分。答辩后，各实验小组根据教师及同学提出的意见对论文进行修改、完善。最后把论文交给教师评定成绩并存档。优秀的论文可推荐投稿发表。

在探索性实验的全过程中要综合发挥学生的主体作用和教师的主导作用。教师在前期讲解、实验设计、实验过程和论文撰写指导、论文答辩讲评以及成绩综合评定方面发挥好引导作用。教师要提供客观、公正和建设性的意见，要注意保护和鼓励学生的想象力和积极性。

（付守鹏）

主要参考文献

北京农业大学，东北农学院．1993．家畜外科手术学．2版．北京：农业出版社．

成都泰盟软件有限公司．2020．BL-420I信息化集成化信号采集与处理系统用户手册．

第二届生理学名词审定委员会．2020．生理学名词．2版．北京：科学出版社．

桂远明．2004．水产动物机能学实验．北京：中国农业出版社．

何菊人，陈子彬．1988．生理学．上海：上海医科大学出版社．

陆宏开，丁衡君．1989．兽医临床诊断学实习指导．成都：四川科学技术出版社．

栾新红．2012．动物生理学实验指导．北京：高等教育出版社．

马恒东，孙玉锦．2020．生理学．3版．北京：科学出版社．

马恒东．2017．生理学实验教程．北京：科学出版社．

南京农学院．1982．家畜生理学实验指导．北京：农业出版社．

倪迎冬．2016．动物生理学实验指导．5版．北京：中国农业出版社．

乔惠理．1994．动物生理大实验．北京：北京农业大学出版社．

王强华．1997．动物外科手术图解．北京：中国农业出版社．

解景田，刘燕强，崔庚寅．2009．生理学实验．北京：高等教育出版社．

解景田，赵静．2002．生理学实验．2版．北京：高等教育出版社．

杨芳炬．2006．机能实验学．北京：高等教育出版社．

杨斐，胡樱．2010．实验动物学基础与技术．上海：复旦大学出版社．

杨秀平，肖向红．2009．动物生理学实验．2版．北京：高等教育出版社．

张才乔．2014．动物生理学实验．2版．北京：科学出版社．

赵铁千，王雨若．1985．生理学实验指导．北京：人民卫生出版社．

朱思明．1997．生理学实验指导．北京：人民卫生出版社．

附　录

附录 1　人体及动物常用生理指标

附表 1-1　人体及动物常用生理指标

动物种类	红细胞/（$\times10^{12}$/L）	白细胞/（$\times10^{6}$/L）	比容/%	血红蛋白/（g/L）	心率/（次/min）	动脉血压/mmHg		体温/℃	呼吸频率/（次/min）
						收缩压	舒张压		
马	6.0～9.0	8.0	44.0	80～150	30～45	90～104	57～71	37.5～38.5	8～16
牛	6.0	8.2	35.0	90～140	40～80	124～166	80～102	37.5～39.5	10～25
猪	6.0～8.0	14.8	39.0	100～150	60～80	44～185	98～120	38.5～39.5	10～30
山羊	15.0～19.0	9.6	34.0	70～140	60～80	112～126	76～90	38.0～39.5	12～30
猫	7.5	13.2	40.0	125	110～130	150	100	38.5～39.5	10～30
犬	6.7	11.5	45.5	165	70～120	108～189	72～122	37.5～39.0	10～30
豚鼠	5.4	9.9	42.0	134	280	81～90	81～90	37.8～39.5	60
兔	6.2	8.1	41.5	134	120～140	95～130	60～90	38.0～39.5	50～60
大鼠	7.3	9.8	46.0	152	216～600	88～130	60～100	38.5～39.5	66～144
小鼠	8.6	9.2	45.0	142	376	133～160	102～110	36.5	94
猴	5.4	11.3	40.0	130	227			39.7	40
鸡	3.0～3.8	23.4	40.0～42.0	127～142	120～200	150	120	40～42	15～30
青蛙	0.44	18.3	29.8	74～82				4～35	
鲤鱼	2.41	40.2	40.0	85	50	20～40（长蛇齿鱼动脉球）			75
男性	4.0～5.5	4.0～10.0	42～49	120～160	60～100	100～120	60～80	36.9～37.9	12～18
女性	3.5～5.0	4.0～10.0	37～43	110～150	女性稍快	比同龄男性低		36.3～37.7	

注：家畜家禽数据主要引自朱祖康和王艳玲（1998）主编《家畜生理学实验指导》（中国农业科技出版社）；动脉血压指标引自李永材（1989）编《动物生理及比较生理实验》（高等教育出版社）；青蛙、鲤鱼数据引自卢宗藩（1983）主编《家畜及实验动物生理生化参数》（农业出版社）和林浩然（2007）编《鱼类生理学》（广东高等教育出版社）；人体数据引自吴健民（1999）主编《实用医学检验参考值和异常结果分析》（人民卫生出版社）

附录 2　生理学实验参考教学大纲

课程名称：（动物）生理学实验

学时、学分：16～36 学时、1～2 学分

一、课程的性质、地位和任务

生理学既是一门理论性很强的机能学科（就其研究方法和知识获得途径而言），又是一门实验性科学。动物生理学实验是动物生理学的配套课程，动物生理学实验是动物类专业的专业基础课，以及部分专业主要实践环节之一。本课程的主要先修课是动物解剖学与组织胚胎学（或鱼类学与鱼类组织胚胎学）、物理学、动物学、生物化学实验，后续课为动物病理学、兽医药理学、动物营养学、动物繁殖学等。

该课程不仅能强化理论课的学习，还具有独自的教育作用。培养学生实际操作能力，分析问题、解决问题能力和实验报告写作能力，养成实事求是、严谨求实的工作态度和规范操作、分工协作的工作作风，以及善待动物、尊重生命的人文精神。

二、课程教学基本要求

通过本课程学习，学生应获得以下知识和能力。

1）掌握基本生理指标测量方法。

2）掌握生理实验技能和生理手术基本操作技能。

3）能独立分析实验结果，写出规范的实验报告。

4）了解探索性生理学实验的一般原则和方法，并进行初步尝试。

三、实验课安排

实验内容可以呼应理论课进程按章节开展（每次 2～3 学时），也可以按照不同实验对象及实验方法由浅入深，每次安排 4 学时。具体内容参见本书目录。实验项目为学生操作或教师示范的选择内容，对不同专业可采用不同的实验对象甚至教学内容。一次实验可安排一个或多个项目，甚至跨章的综合性内容。例如，开展探索性生理学实验，可在实验进程过半时开始穿插安排，可包括课余 6 学时。有关实验准备知识、实验方法和实验设计等内容穿插在各次相关实验内容中学习。

推荐采用线上线下混合式教学，如每次 4 学时中拿出 1 学时，学生个人或团队线上自主学习相关知识、虚拟仿真实验等，3 学时线下在实验室由老师带领、指导下分组操作、讨论。

四、教材及参考书

教材：马恒东．2024．生理学实验教程．2 版．北京：科学出版社.

参考书：见教材主要参考文献中的多种农林院校、医药院校主流教材。

五、课程考核

教学评价是实现教学目的的重要手段，是教学工作的重要环节。实验课成绩评定强调全面性与全程性，包括每次实验预习、操作和报告撰写，探索性生理学实验和期末考核。例如，平时实验课程成绩每次 5 分，8 次合计 40 分，因故未能参加实验的均记为零分。探索性生理学实验评定内容包括选题、形成报告、答辩会上的讲解、提问和回答情况。一般设计报告占10分，讲解和回答占5分，提问的数量和质量占5分。综合评定平时成绩不合格者必须重修本课。实验期末考核就是依据生理学实验课程理论与实践紧密结合、重视技能训练与理论分析相结合的特点而设立的课程重要组成部分，可以采取笔试或口试、准备实验物品加操作的方式。

（马恒东）